James A. Guest
508 Polk Ave.,
Warrington,
Fla.,
1973

ETC. *problèmes du français écrit*

ROLLIN COCHRANE

ETC. *problèmes du français écrit*

PRENTICE-HALL, INC.
Englewood Cliffs, New Jersey

PJC LEARNING RESOURCES CENTER

© 1973 by
PRENTICE-HALL, INC.
Englewood Cliffs, New Jersey

All rights reserved.
No part of this book may be reproduced
in any form or by any means
without permission in writing from the publisher.

ISBN: 0-13-289983-3

Library of Congress Catalog Card Number: 72-9378

10 9 8 7 6 5 4 3 2 1

Printed in the United States of America

PRENTICE-HALL INTERNATIONAL, INC., *London*
PRENTICE-HALL OF AUSTRALIA, PTY. LTD., *Sydney*
PRENTICE-HALL OF CANADA, LTD., *Toronto*
PRENTICE-HALL OF INDIA PRIVATE LIMITED, *New Delhi*
PRENTICE-HALL OF JAPAN, INC., *Tokyo*

to the users of this book

This is not a book of rules—it is a book of recommendations. Each of the fifty chapters centers around a difficulty frequently met by English-speaking students of French. These difficulties can be untangled, even removed entirely, by an understanding of whatever language-features are involved. *How does this work?* Each lesson attempts to answer this question.

The explanations have been kept as short as possible. As a result, every part of them is important. Read them slowly, digest them, make them yours. They are guidelines which, when followed, will produce correct sentences the majority of the time. Important exceptions have been noted. Minor exceptions, however, have been omitted as they only confuse. Once you have grasped the basic concepts, you will of course be prepared to recognize and assimilate whatever occasional irregularities you may encounter. But basic concepts must come first.

Examples follow each explanation. Pay particular attention to them. The pertinent parts of these illustrative sentences have purposely *not* been italicized, so that you may isolate them on your own. Do this immediately, the first time you read each example sentence, and you will learn in a way that has to do with understanding, not with memory. Ask yourself: *What does this sentence show? How?* Simple questions, but do not move on until you have answered them. If you need help, get it *right then.*

Nearly all the exercises involve making sentences, and most allow you to say what comes to your mind. You may make them as interesting as you want and have time for. Two words of advice: (1) Make your sentences whole, that is, readable for and within themselves. Do not, for example, write an unexplained *il*; make up a name (*Florian*), a kind of person, (*le philanthrope égoiste*), a profession, (*l'électricien*). Play a little. (2) Write out every sentence completely, including what is given. This is in no way busy-work. It is an uncomplicated and almost effortless way to assimilate good language habits.

Before doing any of the lessons, you should become totally familiar with the *Vocabulaire de base*. The terms explained in this basic vocabulary are in use throughout the book, and you must comprehend their meaning and use. Most terms will not only have a disagreeably grammatical ring, but will also seem drably familiar—as words. Do not be misled by this into hurrying through them. Make certain at the very outset that you understand the *function* which each word suggests. Only this function matters; the words are merely names, useful because they save time.

Each lesson ends with four model sentences quoted from various sources. Below each, the pattern of the sentence is shown in schematic form; you are to create new sentences along these lines. The following example illustrates the intention of the *Phrases modèles*.

> Tous les gestes sont bons quand ils sont naturels.
> Ceux qu'on apprend sont toujours faux.
> Sacha Guitry, *Debureau*
>
> Tous les ＿＿ sont ＿＿ quand ils sont ＿＿.
> Ceux qu'on ＿＿ sont ＿＿.

Tous les problèmes sont simples quand ils sont clairs.
Ceux qu'on ne résoud pas sont généralement obscurs.

or

Toutes les vérités sont bonnes quand elles sont agréables.
Celles qu'on rejette sont toujours désagréables.

Notice how the created sentences follow the model. Notice also how they differ from the model. In doing the *Phrases modèles,* take as few or as many liberties as you feel comfortable with. You may spend a few minutes on one sentence; you may spend a few hours. It's up to you.

The book contains five sections, each consisting of ten independent lessons. The contents may be taken up in several ways: (1) Normally, that is, beginning at the beginning and continuing on through to the end. This provides unit blocks to which variety is the key. (2) Horizontally, that is, taking the first lessons of all five parts, then all the second lessons, all the third lessons, etc. This provides unit blocks to which relatedness is the key. (3) Individually, that is, skipping around to suit the needs of any particular group. This provides unit blocks founded on specific problems. (4) And of course, any combination of these.

Though some lessons may complement others, each is self-contained. No one lesson is indispensable to the rest. You will, however, notice a tendency toward growing complexity, due either to the nature of the material or to the freedom given with the exercises, in the sequence of lessons, both within a section and throughout the book.

Excepting this introduction and a brief explanation in Part One, the entire book is written in French. The vocabulary used has been consciously aimed at balancing familiar words with words you may not yet have come across. If you do not own a large French dictionary, get one. And use it.

R. C.

table des matières

VOCABULAIRE DE BASE 1

I *première partie*

1 QUI ≠ QUE   *5*
2 LEQUEL   *9*
3 L'IMPARFAIT ≠ LE PASSÉ COMPOSÉ   *13*
4 ÊTRE ALLÉ, TOMBÉ, MORT...   *18*
5 LA QUANTITÉ   *23*
6 PAS DE ≠ PAS UN   *28*
7 PAR   *35*
8 LE SUBJONCTIF (1): NÉCESSITÉ   *39*
9 LE SUBJONCTIF (2): POSSIBILITÉ   *43*
10 LES APPROXIMATIONS   *46*

II *deuxième partie*

1 QUE EN TÊTE DE PHRASE   *53*
2 CE QUI   *57*
3 VERBE SIMPLE ≠ VERBE COMPOSÉ   *61*
4 LES VERBES PRONOMINAUX   *65*
5 PLUS ET MOINS   *71*
6 DE + UN ADJECTIF   *76*
7 POUR   *81*
8 LE SUBJONCTIF (3): VOLONTÉ   *85*
9 LE SUBJONCTIF (4): SENTIMENT   *89*
10 LA TOTALITÉ   *95*

III *troisième partie*

1. QUE À L'INTÉRIEUR DE LA PHRASE *103*
2. CELUI *107*
3. LE CONDITIONNEL ET LE FUTUR-DANS-LE-PASSÉ *111*
4. FAIRE *115*
5. BON ≠ BIEN *123*
6. CE ≠ IL *129*
7. LE PARTICIPE PRÉSENT *133*
8. LE SUBJONCTIF (5) : DOUTE *139*
9. LE SUBJONCTIF (6) : APRÈS CERTAINES CONJONCTIONS *143*
10. LA DISTANCE ET LA PROXIMITÉ *147*

IV *quatrième partie*

1. QUEL ≠ QU'EST-CE QUE *155*
2. ON *159*
3. SI *164*
4. DEVOIR *169*
5. EN, PRONOM *173*
6. À OU DE DEVANT L'INFINITIF *177*
7. EN ≠ DANS *187*
8. LA RESTRICTION *191*
9. LE SUBJONCTIF ≠ L'INDICATIF *195*
10. LA COULEUR ET LA TAILLE *199*

V cinquième partie

1 QUELQUE *205*
2 MOI, PRONOM ACCENTUÉ *211*
3 COMME *215*
4 PENDANT ≠ DEPUIS *219*
5 Y *225*
6 L'INFINITIF *229*
7 EN ≠ AU AVEC LE NOM D'UN PAYS *235*
8 L'INVERSION *243*
9 JOUR ≠ JOURNÉE *247*
10 LA SIMILARITÉ ET LA DIFFÉRENCE *254*

INDEX *259*

*Je tiens pour un malheur public
qu'il y ait des grammaires françaises.*
Anatole France

vocabulaire de base

LA PHRASE

Une proposition est un ensemble de mots ayant un sujet et un verbe :

Je déteste ma mère.

ou la simple énonciation d'un jugement :

«*Oui.*»

Une propositition principale ou indépendente est l'expression d'une idée complète :

Je déteste ma mère parce qu'elle m'a toujours gâté.

Une proposition subordonnée ou dépendante est l'expression d'une idée qui n'aurait pas de sens complet sans le support de la proposition principale :

Je déteste ma mère *parce qu'elle m'a toujours gâté.*

Une phrase simple est une phrase à une proposition :

Je déteste ma mère.

Une phrase complexe est une phrase à plus d'une proposition :

Je déteste ma mère parce qu'elle m'a toujours gâté.

Les parties du discours sont : un nom (ou un substantif), un pronom, un adjectif, un adverbe, un article, un verbe, une préposition, une conjonction, une interjection.

NB: Une préposition introduit un nom, un pronom ou un verbe.
Une conjonction introduit une proposition.

LES FONCTIONS GRAMMATICALES

Un verbe indique l'action dans la phrase :

Je *déteste* ma mère parce qu'elle m'*a* toujours *gâté.*

Un sujet est l'être ou la chose qui est à l'origine de l'action exprimée par le verbe :

Je déteste ma mère parce qu'*elle* m'a toujours gâté.

Un attribut est un adjectif relié par le moyen d'un verbe au mot qu'il qualifie :

Je déteste ma mère parce qu'elle a toujours été *indulgente*.

Un complément d'objet direct (ou un objet direct) est le «destinataire» de l'action exprimée par le verbe ; l'objet est relié directement au verbe, sans préposition :

Je déteste *ma mère*.

Un complément d'objet indirect (ou un objet indirect) est le «destinataire» de l'action du verbe ; l'objet est relié indirectement au verbe, à l'aide d'une préposition :

Je parle *à ma mère*.

Un complément circonstantiel est tout ce qui exprime les circonstances d'une action : comment ? quand ? où ? avec quoi ? pendant combien de temps ? etc.

Je parle à ma mère *une fois par an au téléphone*.

LES DIVERS PRONOMS

NB: La fonction principale d'un pronom est d'éviter l'ennuyeuse répétition d'un nom.

Un pronom sujet est un pronom qui est à l'origine de l'action exprimée par le verbe :

Je déteste ma mère parce qu'*elle* m'a toujours gâté.

Un pronom objet est un pronom visé directement ou indirectement par l'action qu'exprime le verbe :

Je ne *lui* dis jamais que je *l'*aime.

Un pronom accentué est un pronom détaché, disjoint du verbe :

Mes parents sont contents quand je sors avec *eux*.

Un pronom relatif est un pronom qui met en relation deux propositions :

Mes parents, *qui* m'aiment beaucoup, m'ont toujours gâté.

Un pronom démonstratif est un pronom désignant une chose ou un être précis, distinct—en raison d'un geste ou d'une description—de tous les autres du même genre :

Mes parents sont plus indulgents que *ceux* de mes amis.

Un pronom interrogatif est un pronom qui pose une question sur quelqu'un ou quelque chose :

Qui aimez-vous ?

première partie

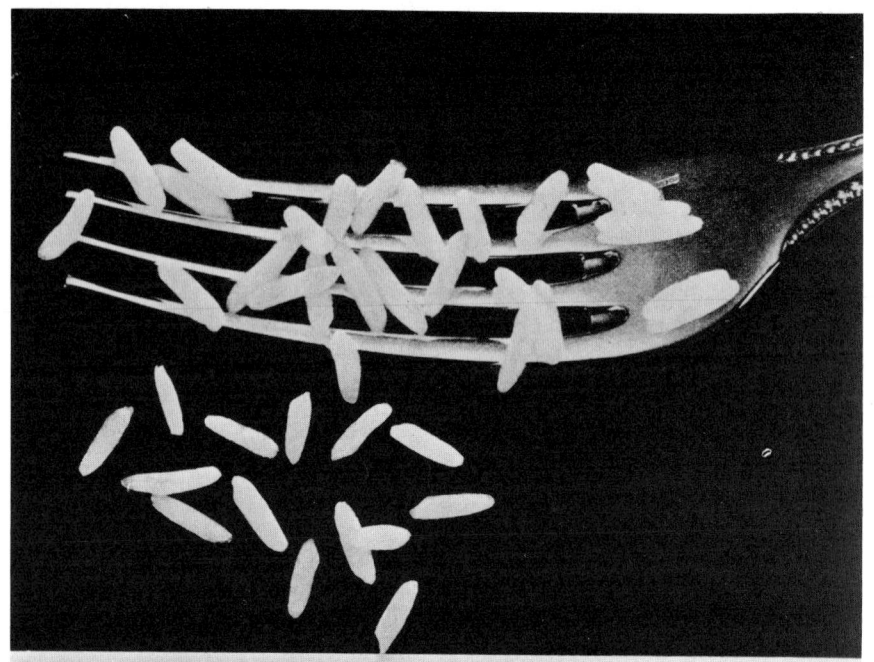

Uncle Ben's
le riz qui*ne colle jamais!

Toutes les vitamines
Parce qu'il contient toutes les vitamines, le riz UNCLE BEN'S 100 % naturel, est l'élément nutritif indispensable à toute votre famille.

Distributeur : RESTA rue Gheude, 49, 1070 Bruxelles

100 % naturel
Le riz UNCLE BEN'S 100 % naturel, vous permettra de garder demain votre ligne d'aujourd'hui.

*QUI ≠ QUE (l.1) —Uncle Ben's Inc.

1 QUI ≠ QUE

QUI et QUE sont des pronoms relatifs. Ils établissent une relation structurale entre deux propositions, donc entre deux idées contenues dans la même phrase. Par conséquent on ne les trouve qu'au début de la proposition subordonnée dans une phrase complexe.

QUI est un sujet. La personne ou la chose remplacée par QUI fait l'action dans la proposition subordonnée.

a. Mon oncle, qui habite la Californie, nous envoie chaque Noël six avocats.

    Idée principale: Mon oncle nous envoie chaque Noël six avocats.

    Idée subordonnée: Mon oncle habite la Californie.

b. La pendule qui vient de sonner quatorze fois est une antiquité sans prix.

    Idée principale: La pendule est une antiquité sans prix.

    Idée subordonnée: La pendule vient de sonner quatorze fois.

c. J'ai l'intention de vendre cinq cents dollars ma Volkswagen qui n'a jamais eu besoin de réparations.

    Idée principale: J'ai l'intention de vendre cinq cents dollars ma Volkswagen.

    Idée subordonnée: Ma Volkswagen n'a jamais eu besoin de réparations.

d. Ma sœur se méfie un peu de son dentiste qui a voulu lui faire un examen médical complet.

    Idée principale: Ma sœur se méfie un peu de son dentiste.

    Idée subordonnée: Son dentiste a voulu lui faire un examen médical complet.

QUE est un objet (direct). La personne ou la chose remplacée par QUE est visée directement par l'action exprimée dans la proposition subordonnée.

a. Les avocats que nous recevons de mon oncle chaque Noël sont assez peu appréciés chez nous.

    Idée principale: Les avocats sont assez peu appréciés chez nous.

    Idée subordonnée: Nous recevons des avocats de mon oncle chaque Noël.

b. Cette pendule ancienne que tu viens de renverser ne sonnera plus.

> *Idée principale:* Cette pendule ancienne ne sonnera plus.
>
> *Idée subordonnée:* Tu viens de renverser cette pendule ancienne.

c. J'ai l'intention de vendre ma fidèle VW que j'ai achetée quatre cents dollars il y a huit ans.

> *Idée principale:* J'ai l'intention de vendre ma fidèle VW.
>
> *Idée subordonnée:* J'ai acheté ma fidèle VW quatre cents dollars il y a huit ans.

d. Ma sœur sort ce soir avec son dentiste, qu'elle avait juré de ne plus revoir.

> *Idée principale:* Ma sœur sort ce soir avec son dentiste.
>
> *Idée subordonnée:* Elle avait juré de ne plus revoir son dentiste.

NB: Le choix entre QUI et QUE dépend uniquement du rôle (sujet/objet) que joue le pronom dans la proposition subordonnée.

EXERCICE A

Faites une seule phrase avec les deux phrases données, en les unissant au moyen de **qui** ou de **que**. Attention à l'accord éventuel du participe passé.

> EXAMPLE: Le Vendôme rejoue les mêmes films. Nous avons vu ces films la semaine dernière.
>
> *Le Vendôme rejoue les mêmes films que nous avons vus la semaine dernière.*

1. Le chat n'est pas à moi. Le chat vous a blessé à l'œil.
2. Le bossu s'appelait Quasimodo. Le bossu était amoureux d'Esméralda.
3. Le vin a tourné en vinaigre. Nous avons acheté le vin.
4. Il faut jeter ce vin. Ce vin a tourné en vinaigre.
5. Le petit restaurant n'existe plus. Tu m'as recommandé le petit restaurant.
6. Le poulet n'est pas assez cuit. J'ai préparé le poulet.
7. La voiture coûte trop cher. Benoît voudrait acheter la voiture.
8. Le cheval sera vendu. Le cheval paît dans l'enclos.
9. Les Benedict veulent t'inviter à dîner. Tu as rencontré les Benedict chez moi.
10. Mon lévrier boîtera toujours. Mon lévrier s'est cassé la jambe.

EXERCICE B

Terminez chaque phrase de deux façons différentes.

EXEMPLE : Je n'aime pas les shorts qui... / que...

Je n'aime pas les shorts *qui me serrent trop les cuisses.*
Je n'aime pas les shorts *que tu viens de t'acheter.*

1. Sais-tu où est le sac de bananes qui... / que...
2. Mildred a fait la connaissance d'un milliardaire qui... / que...
3. Notre chat nous a apporté un rat qui... / que...
4. Voilà tout l'argent que... / qui...
5. Ce n'est pas moi qui... / que...
6. Gilles a une villa que... / qui...
7. Il va y avoir une exposition de peinture cubiste qui... / que...
8. Un livre de Zola qui... / que... c'est *Le Ventre de Paris.*
9. D'habitude les bébés que... / qui... deviennent des enfants difficiles.
10. Les moines qui... / que... font du bon vin.

EXERCICE C

Redites la phrase sans en changer le sens en substituant **qui** à **que** et vice-versa.

EXEMPLE : Verbrugghen est un nom qui m'est inconnu.

Verbrugghen est un nom que je ne connais pas.

1. *Elle* est un magazine qui est lu par des femmes de tout âge.
2. *Moustache* est une eau de cologne qu'on trouve dans les meilleurs magasins.
3. *Stella Artois* est une bière qui se boit en Belgique.
4. Voici un exercice qui à mon avis est trop difficile.
5. *George Dandin* est une comédie assez cynique qui a été écrite par Molière.

EXERCICE D

Décrivez en quelques phrases l'image suggérée par chaque donnée.

1. Un homme qui mange un serpent.
2. Un homme que mange un serpent.
3. Un détective que menace un assassin.
4. Un détective qui menace un assassin.
5. Un petit garçon qui embrasse tout le monde.
6. Un petit garçon que tout le monde embrasse.
7. Une tache qui couvre une nappe.
8. Une tache que couvre une nappe.

PHRASES MODÈLES

1. La guerre est un mal qui déshonore le genre humain.

   BERNARD LE BOVIER DE FONTENELLE, *Dialogues des morts*

   _____ est _____ qui _____.

2. L'habile homme est celui qui cache ses passions, qui entend ses intérêts, qui y sacrifie beaucoup de choses, qui a su acquérir du bien ou en conserver.

   JEAN DE LA BRUYÈRE, *Les Caractères*

   Le _____ est celui qui _____, qui _____, qui _____, qui _____.

3. J'ai l'orgueil des vices qu'on me prête; je suis moins fier des vices que j'ai.

   JEAN COCTEAU

   Je _____ que _____ ; je _____ que ___.

4. Les jeunes ressentent l'angoisse que l'on peut avoir devant le monde virtuel qu'est pour eux la vie adulte.

   ANDRÉ BERGE, cité dans le *Figaro Littéraire*

   Les jeunes ressentent _____ que l'on peut avoir devant _____ _____ qu'est pour eux _____.

2 LEQUEL

LEQUEL a quatre formes: LEQUEL, LAQUELLE, LESQUELS, LESQUELLES. Comme pour **le** et **les**, il y a contraction avec **de** et **à**: **duquel, desquels, auxquelles**, etc.

<u>LEQUEL est un pronom interrogatif</u> qui demande l'identification d'une chose parmi plusieurs du même type.

Voici trois livres. Lequel voulez-vous lire?
(= Choisissez: *Moby Dick? The Love Machine? L'Etre et le Néant?*)

La secrétaire: «Des hommes sont venus vous voir.»

Le patron: «Lesquels?»
(= M. Smythe? M. Peretti? M. Lacrampe?...)

EXERCICE A

Ecrivez une question avec une forme de **lequel** à propos de chaque donnée. Donnez une réponse à votre question.

EXEMPLE: des boissons

Laquelle de ces boissons allez-vous choisir? —*Un jus de fruits.*

1. des animaux
2. des stars de cinéma
3. des fleurs
4. des oiseaux
5. des chefs d'état
6. des plats
7. des cigarettes
8. des romanciers
9. des programmes de télévision
10. des arts

<u>LEQUEL est un pronom relatif</u>, l'équivalent de **que** dans la phrase: *J'adore le film que nous allons voir,* mais employé après une préposition.

La plume avec laquelle Montaigne a écrit ses essais a été perdue.
(*Comparez:* la plume qu'il a employée)

Je n'accepte pas les règlements contre lesquels les révolutionnaires se sont rebellés.
   (*Comparez:* les règlements qu'ils ont rejetés)

En juin les étudiants français passent l'examen auquel ils se préparent depuis octobre.
   (*Comparez:* l'examen qu'ils préparent)

LEQUEL peut toujours représenter une chose. Le pronom correspondant, QUI, ne peut représenter qu'une personne.

Le guide avec qui nous avons visité Fontainebleau a parlé trop vite.

L'acteur à qui vous pensez s'appelle Alain Delon.

Quand la préposition est un simple DE, on emploie DONT à la place de **duquel, de laquelle, de qui**, etc.

La plume dont Montaigne s'est servi a été perdue.
   (se servir de)

Je n'accepte pas les règlements dont les révolutionnaires se plaignent.
   (se plaindre de)

L'acteur dont vous parlez s'appelle Alain Delon.
   (parler de)

NB: Il faut, pour l'emploi de DONT, que la préposition soit un simple DE. Les prépositions composées—**à côté de, au milieu de,** etc.—sont suivies de LEQUEL ou de QUI.

Les sages au milieu de qui Jésus est venu s'asseoir l'ont écouté, émerveillés.

La reine est montée sur l'échafaud à côté duquel un bourreau attendait patiemment.

EXERCICE B

Employez la forme donnée dans une phrase.

1. contre lequel
2. au-dessus duquel
3. auxquelles
4. sous lequel
5. dont
6. par laquelle
7. autour duquel
8. dans lesquelles
9. pour qui
10. près duquel

EXERCICE C

Remplacez la proposition soulignée par une autre dont le verbe se construit avec une préposition amenant l'usage de **lequel, qui** ou **dont**. Ne changez pas trop le sens de la phrase. Choisissez votre verbe dans la liste suivante.

rêver de	avoir peur de
aller avec	parler de
se mettre à	se rebeller contre
s'habituer à	assister à
se cacher dans	porter sur
penser à	comparer avec
arriver par	avoir besoin de

EXEMPLE : La peinture est l'un des arts que j'adore.
La peinture est l'un des arts auxquels je m'intéresse.

1. Je vous parlerai de toutes les choses que j'ai dans mon esprit.
2. C'est surtout les ordres injustes qu'un soldat refuse d'accepter.
3. Voilà le placard que l'enfant a trouvé pour se cacher.
4. La conférence que nous écoutons le vendredi est d'habitude ennuyeuse.
5. Le chemin qu'on prend pour arriver au château est étroit, tortueux et sinistre.
6. Le Pouilly-Fuissé est un vin de luxe que ce riche ivrogne considère comme nécessaire.
7. Je voudrais vous présenter à la jeune fille que je vais emmener à votre soirée.
8. Bertrand n'a pas pu acheter les pamphlets politiques que le conférencier avait mentionnés.
9. Décrivez-moi la femme idéale que vous voyez en rêve.
10. Il est intéressant de regarder comme pour la première fois les choses qui nous sont devenues familières.

PHRASES MODÈLES

1. Tout pari est une opération dans laquelle chacun des opérants a la douce conviction qu'il est en train de voler l'autre.
   PIERRE VÉRON, *L'Art de vivre cent ans*

   Tout ~~~ est une ~~~~~~ dans laquelle ~~~~~~~
   ~~~~~~~~~~~~~~~~~~~~~~~~~~~~~~~~~~~~.

2. En fait, sur certains des problèmes auxquels doivent faire face les États-Unis, Edmund Muskie a été jusqu'à maintenant discret.

        CLAUDE JANNOUD, dans le *Figaro Littéraire*

~~~~, ~~~~~~~~~~~~~~~~~~ auxquels ~~~~~~~~~~~~~~~~~~
~~~~, ~~~~~~~~~~~~~~~~~~~~~~~~~~~~~~~~.

3. C'est un homme d'affaires, dont les affaires sont incertaines, mais qui, dans l'ensemble, gagne assez d'argent.

        EDMOND JALOUX, *La Chute d'Icare*

C'est ~~~~~~~~~~~~~~~~, dont ~~~~~~~~~~~~~~~~~~~~, mais qui, ~~~~~~~~~~~~~~~, ~~~~~~~~~~~~~~~~.

4. Les grands écrivains français vivants ou morts dont la substance nous a nourris, dont le style et la pensée nous ont imprégnés, ont produit le meilleur de leur œuvre avant 1950.

        DOMINIQUE JAMET, dans le *Figaro Littéraire*

Les ~~~~~~~~~~~~~~~~~~~~~~~~~~~~~~~ dont ~~~~~~~~~~~ nous a ~~~~~~, dont ~~~~~~ et ~~~~~~~ nous ont ~~~~~~~~, ~~~~~~~~~~ ~~~~~~~~~~~~~~~~~~~~~~~~~~~~~.

13 L'IMPARFAIT ≠ LE PASSÉ COMPOSÉ

Tous les verbes peuvent être au passé composé ou à l'imparfait. Le sens d'un verbe au passé composé est différent du sens de ce même verbe à l'imparfait. L'imparfait indique un contexte. Le passé composé indique un événement qui a lieu pendant que l'action de l'imparfait se déroule; autrement dit, une action-dans-un-contexte.

Pour distinguer l'imparfait du passé composé, *comparez* tous les verbes dont vous vous servez. Quels verbes indiquent un contexte par rapport aux autres? Quels verbes indiquent une action-dans-le-contexte?

Analysez les paragraphes suivants. Quelles sont les actions contextuelles? Quelles sont les actions simples? Notez bien la force différente d'un même verbe employé aux deux temps.

a. Hier il faisait beau. Je faisais une promenade en ville et j'ai vu un accident affreux. Une voiture qui roulait trés vite a écrasé une vieille femme.

b. Hier il a fait mauvais le matin, mais l'après-midi il a fait très beau.

c. Hier il faisait beau. J'ai fait une promenade en ville, puis je suis allé au cinéma et ensuite j'ai dîné dans un bon petit restaurant italien.

d. Hier je dînais dans un petit restaurant italien. De ma table je pouvais regarder par la fenêtre. J'ai vu sur le trottoir une vieille femme qui hésitait avant de traverser la rue. Enfin elle a fait un pas et une voiture qui passait l'a écrasée sans même s'arrêter.

e. Je suis sorti du restaurant. Des curieux arrivaient de partout. J'ai regardé ce vieux corps inerte. Je pleurais, je ne pouvais m'empêcher de pleurer.

f. Je sortais du restaurant. Je courais si vite que j'ai renversé quelques chaises. Des gens près de la sortie me barraient le passage, mais m'ont laissé passer quand je le leur ai demandé.

g. Je suis sorti du restaurant pour regarder le vieux corps inerte de la vieille. J'ai pleuré pendant quelques minutes et puis je me suis penché pour regarder de plus près. J'ai poussé un cri. Elle était morte. Son sac à main, tout taché de sang était ouvert. Il y avait des pièces de monnaie éparpillées sur le pavé. Je me suis courbé. J'ai ramassé deux cents francs.

Quand vous n'êtes pas sûr s'il faut un imparfait ou un passé composé:

1. Comparez toutes les actions.
2. Demandez-vous à propos de chaque verbe:
   Est-ce *what happened*?
   ou bien, est-ce *what was going on*?

Que faisiez*-vous en 1743 ?

Nous... Du champagne.

En 1743, nous, Moët et Chandon, nous faisions du champagne. Déjà. Bien peu de champagnes peuvent en dire autant. En 1750, déjà, madame de Pompadour commandait chez nous ses «paniers de bouteilles». Nous avons choisi les meilleurs vignobles, les meilleurs crus. Nous avons acquis la plus longue expérience. Il y a une exigence vis-à-vis du nom que l'on porte qui fait qu'un jour, la perfection devient tradition.

Moët & Chandon
Quand la tradition a un nom.

*L'IMPARFAIT ≠ LE PASSÉ COMPOSÉ (I.3) —*Moët & Chandon*

(I.3) *L'imparfait ≠ le passé composé* 15

3. *What happened* = le passé composé.
4. *What was going on* = l'imparfait.

NB: Le passé composé s'emploie toujours pour exprimer une suite d'actions, puisque ces actions seront nécessairement *what happened*.

J'ai regardé la télévision, puis j'ai mangé quatre sandwichs, et ensuite je me suis couché.

L'imparfait s'emploie toujours pour exprimer une action habituelle, puisqu'une telle action est nécessairement *what was going on* à une certaine époque.

Pendant mon enfance, j'allais tous les dimanches à l'église.

EXERCICE A

Faites deux phrases selon le modèle suivant:

EXEMPLE: regarder

Elle m'a regardé pendant qu'elle tombait.
Elle est tombée pendant qu'elle me regardait.

Ajoutez un verbe de votre choix au verbe donné. Préparez-vous à illustrer par gestes la différence entre les deux phrases.

1. sourire 2. chanter 3. lever 4. chercher 5. s'asseoir

EXERCICE B

Voici des actions simples. Changez-les en actions contextuelles en y ajoutant une action-dans-le-contexte.

EXEMPLE: Pierre a essuyé ses lunettes.

Pendant que Pierre essuyait ses lunettes, la monture s'est cassée.
ou bien:
Pierre essuyait ses lunettes quand la monture s'est cassée.

Employez **pendant que, au moment où** devant l'imparfait. Employez **quand, lorsque, au moment où** devant un passé composé.

1. Martin a ciré ses chaussures.
2. Ma mère a fait la vaisselle.
3. Antoinette est descendue de l'autocar.
4. Les ouvriers ont pris le petit déjeuner au comptoir.
5. J'ai attendu sur le débarcadère.

Modèle présenté : 4 portes 8800 F *

Ford Escort : la voiture qui a étonné* le monde entier.

Souvenez-vous ! Au printemps dernier, le Rallye Londres-Mexico, le plus long et le plus dur de l'histoire automobile. Il a été gagné par la plus petite des Ford (par sa taille et par son prix) : l'Escort !

Mieux, sur 7 Escort officiellement engagées, 5 figuraient aux premières places, remportant ainsi le Prix par Equipe et celui de la classe des 1300 cm3.

Rien d'étonnant à cela. Nous avons conçu l'Escort pour qu'elle soit beaucoup plus qu'une voiture familiale courante.

Regardez-la. C'est une voiture aux lignes pures et fonctionnelles et à l'allure jeune et gaie. Une voiture qu'on ne voit pas partout !

Essayez-la. Sa boîte de vitesses est souple et sûre ; sa direction à crémaillère étonnante de précision. Son moteur - 5 cv (940 cm3), 6 cv (1100 cm3), 7 cv GT (1300 cm3) au choix - est à l'origine de celui qui équipe les voitures championnes du monde Formule 2.

Avec une Ford Escort, vous aurez le plaisir de conduire une voiture de sport puissante et nerveuse, tout en offrant à votre famille le maximum de confort, le choix entre une 2 portes, une 4 portes ou un break.

Et cela vous coûtera si peu de vous offrir ce luxe : le même prix qu'une voiture courante ! Ford Escort à partir de 8 360 F. (*). De tous ses exploits, c'est peut-être le plus étonnant !

Et n'oubliez pas que vous pouvez bénéficier du Crédit COFICA.

FORD FRANCE S.A.
344, avenue Napoléon Bonaparte
92-RUEIL-MALMAISON - Tél. : 977 05 05

Ford reste le pionnier. _{Ford}

(*) Prix au 1er octobre 1970 - Ceintures de sécurité comprises + transport et préparation.

*L'IMPARFAIT ≠ LE PASSÉ COMPOSÉ (I.3) —Ford France, S.A.

6. On a joué l'intégrale de l'œuvre de Mahler à la radio.
7. Papa a découpé la dinde.
8. L'altiste a ramassé son archet qu'il avait laissé tomber.

EXERCICE C

Placez chaque donnée dans un paragraphe raisonnable de quatre ou cinq phrases.

1. Le train est arrivé en gare. Un passager en est descendu.
2. Le train arrivait à la gare. Un passager en est descendu.
3. L'assassin a visé. Un coup de revolver est parti.
4. L'assassin visait. Un coup de revolver est parti.
5. Le résistant est mort. Ses camarades l'ont enterré.
6. Le résistant mourait. Les Allemands l'ont enterré.

PHRASES MODÈLES

1. Ephraim avait deux ans lorsqu'on lui a montré, au berceau, la petite Alice.
   JACQUES SICLIER, dans le *Monde*

   ~~~~~~ —ait ~~~~~~ lorsqu'on lui a ~~~~~~, ~~~~~~, ~~~~~~.

2. Après une longue bataille, les édiles marseillais ont sauvé ce monument exceptionnel. La charpente était d'ailleurs en bon état et seule la surface de la pièrre était abimée.
   PIERRE MAZARS, dans le *Figaro Littéraire*

   ~~~~~~~~~~~~~~~~~~~~, ~~~~~~~~~~~~ ont ~~~~~~~~~~~~
   ~~~~~~~~~~. ~~~~~~~~ —ait ~~~~~~~~~~~~~~~~~~~~
   ~~~~~~~~ —ait ~~~~~~.

3. Les lampes de la rue se sont allumées brusquement et elles ont fait pâlir les premières étoiles qui montaient dans la nuit.
   ALBERT CAMUS, *L'Etranger*

   ~~~~~~~~~~~~~~~~ se sont ~~~~~~~~~~~~~ et ~~~~ ont ~~~~~~~
   les ~~~~~~~~~~~ qui —aient ~~~~~~~~~~.

4. Delacroix a découvert que le monde fabuleux de l'Antiquité et de la Bible était réel et immortel.
   MICHEL FLORISSONNE, cité dans le *Figaro Littéraire*

   ~~~~~~~ a ~~~~~~~ que ~~~~~~~~~~~~~~~~~~~~~~~~~~~~~~~~~
   —ait ~~~~~~~~~~~.

4 ÊTRE ALLÉ, TOMBÉ, MORT...

Les 22 verbes suivants se conjuguent avec ÊTRE au passé composé. Ils représentent tous une arrivée, un déplacement ou un départ.

Arrivée:
arriver
venir
revenir
entrer
rentrer (entrer à nouveau)
naître
devenir (arriver à être)
parvenir (arriver à sa destination; réussir)
survenir (arriver tout à coup)
échoir (arriver par hasard)

Déplacement:
aller
monter
descendre
tomber
retomber

Départ:
partir
retourner
rentrer (retourner chez soi)
sortir
mourir
décéder (mourir de mort naturelle)
rester (ne pas partir)

Remarquez que toutes ces actions ont en commun qu'elles sont «absolues», c'est-à-dire, au lieu de pouvoir les faire à quelqu'un ou à quelque chose, on peut seulement les faire, un point, c'est tout. On ne peut pas «mourir quelqu'un», «aller quelque chose», etc. On appelle ces verbes *intransitifs*.

Quelques remarques particulières :

décéder : *Terme administratif ou journalistique.*

La Comtesse d'Orvilly est décédée hier à la Clinique de St. Cloud. Elle avait 99 ans.

parvenir : *S'emploie pour les personnes ou pour les choses.*

Nous sommes parvenus au haut de la tour.
Le pardon du gouverneur n'est pas parvenu à temps au bourreau.

survenir : *S'emploie pour les personnes ou pour les choses.*

On pique-niquait tranquillement lorsqu'un orage violent est survenu.

échoir : *S'emploie pour les choses seulement.*

Joël avait le numéro gagnant ; toute une fortune lui était échue.

entrer : *On entre dans un lieu.*

Les explorateurs sont entrés dans la caverne.

partir :
sortir : *On part, on sort d'un lieu.*

Les nouveaux mariés sont sortis de l'église. Ils sont partis du square dans une vieille Fiat toute cabossée.

revenir : *On revient à l'endroit où on est.*

Cher Papa,
Je t'écris de l'affreuse ville de Los Angeles. Je m'en vais demain, mais je dois malheureusement revenir dans quinze jours.

retourner : *On retourne en tout autre lieu où on a déjà été.*

Entre-temps je retournerai à San Francisco pour chercher mon appareil de photo que j'y ai oublié.
       Ton fils,
       Jean-Luc

rentrer : *On rentre à la maison, au bâtiment où on demeure.*

(Un père furieux) « Trois heures du matin, et Lydia n'est pas encore rentrée ! »

EXERCICE A

Terminez la phrase en vous servant du verbe indiqué.

 EXEMPLE : Nous avons été contents de vous recevoir, ... (revenir).

  Nous avons été contents de vous recevoir, et nous espérons que vous reviendrez bientôt.

 1. Majorque est bondée de monde, ... (retourner).
 2. Il est tard et j'ai sommeil, ... (rentrer).

3. Mon hôtel n'est pas loin, ... (rentrer).
4. Je ne peux plus attendre M. Huifels, ... (revenir).
5. Fasciné par le meurtre qu'il avait commis, ... (retourner).
6. Un détective l'y attendait, sachant ... (revenir).
7. M. Dragon soigne bien sa santé; les rares fois qu'il sort, ... (rentrer).
8. J'ai adoré Florence; l'été prochain ... (retourner).
9. Le musée va fermer et on n'en a vu que la moitié; ... (revenir).
10. Byron et Lynn vont quitter l'Ouganda à la fin de cette année, ... (retourner).

Le participe passé d'un verbe intransitif s'accorde avec le sujet de la proposition.

Les délégués russes sont arrivés à Orly ce matin.

Colette est née en 1873. Elle est morte en 1954.

Franco m'a accroché pour reprendre son équilibre et nous sommes tombés tous les deux.

EXERCICE B

Ecrivez une phrase au passé composé en employant un verbe intransitif et en vous servant du sujet donné.

EXEMPLE: La bonne
La bonne n'est pas encore rentrée du marché.

1. Nos invités
2. Blanche-Neige
3. Les saboteurs
4. La balle
5. Le roi et moi
6. Marie-Antoinette
7. Les jumeaux
8. Ta lettre
9. Le boumerang
10. Ma malle
11. Christophe Colomb et son équipage
12. Cette ennuyeuse bavarde
13. Les alpinistes
14. Un million de francs
15. Roméo et Juliette

En plus de leur emploi intransitif, les quatre verbes suivants ont un deuxième usage qui est *transitif;* c'est-à-dire, ils représentent parfois des actions qu'on peut faire à quelque chose. Dans ce cas ils ont toujours un complément d'objet direct et ils emploient **avoir** comme auxiliaire. L'accord du participe passé se fait avec l'objet direct si celui-ci précède le verbe.

monter : *parcourir de bas en haut, transporter en haut.*

Julien a monté l'échelle.

Le porteur a monté nos bagages dans le train.

descendre : *parcourir de haut en bas; transporter en bas.*

Mathilde a descendu l'escalier.

Nous avons descendu nos bagages du filet juste avant l'arrivée du train en gare.

sortir : *mettre à l'extérieur; mettre en vente pour la première fois.*

Il faisait si beau qu'on a sorti la table pour pouvoir manger dehors.

La nouvelle voiture de sport qu'a sortie la compagnie Ford ne coûte pas cher.

rentrer : *transporter à l'intérieur; faire entrer.*

La terrasse était déserte; on avait rentré toutes les chaises à cause de la pluie.

Le berger a rentré ses moutons dans l'enclos.

EXERCICE C

En vous servant des quatre verbes aux usages transitifs, faites une phrase à partir de la donnée.

EXEMPLE : Les plantes fragiles de la terrasse

On a rentré les plantes fragiles de la terrasse pour les protéger du froid.

1. Un couteau de sa poche
2. Les foins de la grange
3. La rampe en vitesse
4. Les valises dans la chambre d'hôtel
5. Le grand plat de l'étagère
6. Un paquet de vieilles lettres de la malle
7. Les vélos dans le garage
8. Un dentifrice parfumé à l'anis
9. Les chevaux de leur box
10. Un tonneau de vin de la cave

EXERCICE D

Complétez les phrases. Attention au sujet qui devra parfois s'accorder avec le participe passé.

EXEMPLE :   ... arrivés vers huit heures.
  Les derniers invités sont arrivés vers huit heures.

1. ... allées en Inde.
2. ... tombé par terre.
3. ... survenue malgré le calme de la mer.
4. ... descendu ses vieux jouets du grenier.
5. ... entrée dans la salle en courant.
6. ... restés jusqu'au petit matin.
7. ... parvenu au haut de la colline.
8. ... mortes dans des circonstances mystérieuses.
9. ... descendu par l'ascenseur.
10. ... parvenus à dévisser le couvercle.
11. ... nés en février.
12. ... devenue célèbre par sa grande beauté.
13. ... restée muette pendant quelques secondes.
14. ... partis de Cuba il y a deux jours.
15. ... tombés du mur.

PHRASES MODÈLES

1. La philosophie est devenue un monde clos, interdit au profane, protégé par une terminologie redoutablement hermétique.
   CLAUDE JANNOUD, dans le *Figaro Littéraire*

   ~~~~~~~ est devenue ~~~~~~~, ~~~~~~~, ~~~~~~~ ~~~~~~~.

2. Pour l'administration française, Le Corbusier, même mort, est resté un homme dangereux.
   <div style="text-align:right">HÉLÈNE DEMORIANE, dans l'*Express*</div>

   Pour ~~~~~~~, ~~~~~~~, ~~~~~~~, est resté ~~ ~~~~~~~.

3. Il y a des gens qui sont nés pour servir leur pays et d'autres qui sont nés pour servir à table.
   <div style="text-align:right">VICTOR HUGO</div>

   Il y a des gens qui sont nés pour ~~~~~~~ et d'autres qui sont nés pour ~~~~~~~.

4. Je vous ai sortis de ma bibliothèque, bouquins vénérables.
   <div style="text-align:right">GEORGES DUHAMEL, *Les Plaisirs et les Jeux*</div>

   Je vous ai sortis de ~~~~~~~, ~~~~~~~.

5 LA QUANTITÉ

Les quantités précises sont indiquées au moyen d'un terme de mesure + DE. L'expression répond à la question : Combien ?

> Chaque matin mon père prend une assiette d'œufs, une tranche de jambon, et une tasse de café avec quatre cuillerées de sucre.
>
> Si vous avez mal à la tête, prenez deux cachets d'aspirine.
>
> Il nous reste une bouteille de vodka.

Les quantités demi-précises sont indiquées au moyen d'un adverbe d'abondance ou de non-abondance + DE. Les adverbes les plus communs sont : **beaucoup, peu, un peu, assez, trop, tant, autant, plus, moins.** L'expression ne répond que vaguement à la question : Combien ?

> Chaque matin mon père prend beaucoup d'œufs, un peu de jambon et trop de sucre dans son café.
>
> Josée a pris tant d'aspirine qu'elle en a été malade.
>
> Peu de gens peuvent boire autant de vodka que les Russes.

Les quantités imprécises sont indiquées par **du, de la, de l', des.** L'expression ne répond pas du tout à la question : Combien ?

> Chaque matin mon père prend des œufs, du jambon, et du café avec du sucre.
>
> Il y a des remèdes contre la grippe qui contiennent de l'aspirine.
>
> Mais il y a de l'alcool dans ce punch ! —Oui, de la vodka.

NB : L'emploi du partitif (**du, de la, de l', des**) signale toujours une quantité imprécise. Toute autre expression de quantité se termine par un simple **de**.

EXERCICE A

Ecrivez deux phrases en utilisant chaque donnée (a) comme quantité demi-précise, (b) comme quantité précise.

EXEMPLE : des pêches

(a) *Notre verger a rendu peu de pêches cette année.*
(b) *Combien coûte un kilo de pêches ?*

si vous êtes celui qui exige
...des heures, **des heures**
et des heures*

de musique claire et puissante, ces nouvelles piles "double sécurité" sont faites pour votre électrophone.

double sécurité ? Sur chaque pile Wonder une capsule vous garantit qu'elle est absolument neuve. Sur chaque pile Wonder la date limite de mise en service est inscrite pour vous permettre d'en contrôler la fraîcheur.

ce sont les seules piles au monde à vous offrir cette double sécurité

ET LES BAGUES DE BLINDAGE... QUELLE PROTECTION POUR VOTRE APPAREIL

*LA QUANTITÉ (I.5) —Wonder, S.A.

(I.5) *La quantité*

    1. du sel
    2. de l'eau gazeuse
    3. des allumettes
    4. du lait
    5. de la farine
    6. des biscuits
    7. du papier
    8. des lys
    9. de l'ail
  10. de la moutarde

EXERCICE B

Faites deux phrases sur chaque modèle.

1. Le communisme a autant de défauts que le capitalisme.
    ~~~~~~~~~~ autant de ~~~~~~ que ~~~~~~~~~~~~.

2. Le capitalisme a autant de défauts que de mérites.
    ~~~~~~~~~~ autant de ~~~~~~ que ~~~~~~~~.

3. Le fascisme a tant de défauts qu'on ne peut pas y souscrire.
    ~~~~~~~~~~ tant de ~~~~~~ que~~~~~~~~~~~~~~~~~~~~.

4. J'ai bu trop de café pour pouvoir dormir.
    ~~~ trop de ~~~~ pour ~~~~~~~~~~~~.

5. J'ai bu assez de café pour me réveiller.
    ~~~ assez de ~~~~ pour ~~~~~~~~~~.

EXERCICE C

Faites une phrase avec chaque donnée.

    EXEMPLE: de l'amour; d'amour
                     Pour vivre en paix il faut de l'amour.
                     Trop d'amour peut être encore pire que pas assez.

    1. du courage; de courage
    2. de la patience; de patience
    3. des ouvriers; d'ouvriers
    4. de l'anxiété; d'anxiété
    5. de l'enthousiasme; d'enthousiasme
    6. des exigences; d'exigences

7. de l'honneur; d'honneur
8. de l'indépendance; d'indépendance

EN représente toute quantité, précise ou imprécise.

Est-ce qu'il y a de l'aspirine dans ce comprimé?
—Oui, il y en a deux cents milligrammes.
—Oui, il y en a un peu.
—Oui, il y en a.

Serge, boit-il de la vodka?
—Oui, il en boit une bouteille par jour.
—Oui, il en boit trop.
—Oui, il en boit.

Lorsque EN représente *des*, l'expression de demi-précision est **quelques-uns** ou **plusieurs**.

Reste-t-il des œufs? —Oui, il en reste quelques-uns.
Avez-vous vu des films de Fellini? —Oui, j'en ai vu plusieurs.

EXERCICE D

Répondez affirmativement de trois façons à la question posée.

EXEMPLE: Voulez-vous du lait?
Oui, j'en veux.
Oui, j'en veux un peu.
Oui, j'en veux une goutte.

1. Avez-vous des cigarettes?
2. Avez-vous bu du thé glacé?
3. Reste-t-il de l'essence dans le jerrycan?
4. Est-ce qu'il y a du céleri dans ce potage?
5. Vous êtes-vous souvenu d'acheter du Sprite?

EXERCICE E

Terminez la phrase.

1. Si on a du...
2. Il n'y avait pas d'autre végétation qu'une rangée...
3. Le mouvement féministe prend de l'essor, mais peu...
4. Pour bâtir une cathédrale, il fallait des...
5. La vaisselle des nouveaux-mariés comprenait trop... et pas assez...
6. Un roi-philosophe a autant...

(I.5) *La quantité*   27

    7. On m'avait dit qu'il n'y avait pas de Français accueillants, mais j'en...
    8. Mon araignée a mangé tant de...
    9. Si les professeurs avaient plus... et moins...
   10. De bons programmes de télévision avaient été annoncés; nous en...

PHRASES MODÈLES

1. Il y a du gibier authentique en Provence, du lièvre, du lapin, du perdreau.
                                                            GEORGES CLEMENCEAU, *Le Grand Pan*

   Il y a du _____, du ____, du ____, du ____.

2. Trop de bruit nous assourdit, trop de lumière éblouit.
                                         BLAISE PASCAL, *Pensées*

   Trop de _____, trop de _____.

3. Dans le régime des âmes, il faut une tasse de science, un baril de prudence et un océan de patience.
                                        SAINT FRANÇOIS DE SALES

   _____, il faut _____ de _____, _____ de _____ et _____ de _____.

4. Des hommes admirables! Il y en a! J'en ai connu.
                                       GEORGES DUHAMEL, *Les Maîtres*

   Des _____! Il y en a! J'en ai _____.

6   PAS DE ≠ PAS UN

PAS DE représente une quantité négative (= *zéro*).

    Je ne prends pas de sucre dans mon café.
      (= je prends zéro sucre)
    Les poissons n'ont pas d'oreilles.
      (= les poissons ont zéro oreilles)
    En France, dans les pharmacies, on ne vend pas de cigarettes.
      (= on vend zéro cigarettes)

Ce même DE est obligatoire après toutes les négations lorsqu'il est question d'une quantité négative: **plus de, jamais de, ni de, guère de, point de.**

    Dans notre immeuble, il ne reste plus d'eau chaude après huit heures du matin.
    Les Mormons ne boivent jamais de café ni de Coca-Cola.
    On ne voit guère de touristes étrangers dans l'Oklahoma.
    Point de roses en cette saison, il faudra attendre l'été.

NB: NI... NI... fait exception.

    Les Mormons ne boivent ni café ni Coca-Cola.
    Cet orphelin n'a ni père ni mère.

EXERCICE A

Récrivez la phrase au négatif.

    EXEMPLE: Je connais un sorcier et un médium.
                  Je ne connais pas de sorcier ni de médium.

1. Ce tailleur fait des retouches.
2. Parfois les livres d'occasion ont une couverture.
3. Ma sœur met du rouge à lèvres.
4. Beaucoup de Japonais mange du riz.
5. Les bons étudiants ont fait des erreurs.
6. Roland prend des leçons de hautbois.
7. Reste-t-il de la sangria dans la cruche?
8. Les examinateurs fournissent un crayon.

9. Est-ce qu'un homme chauve a des cheveux ?
10. Cet épicier donne des timbres-prime.

Dans certaines constructions la quantité zéro (toujours précédée de DE) se trouve éloignée de la négation et se place plutôt après :

un participe passé

>Je n'ai jamais mangé d'aubergines.
>Les chasseurs n'ont pas trouvé de gibier.

un infinitif négatif

>Ludwig promet de ne plus prendre de drogues dangereuses.
>Monique a résolu de ne jamais avoir d'enfants.

vouloir, pouvoir, savoir, devoir négatifs + un infinitif

>Un misogyne ne veut pas avoir d'amies.
>Les diabétiques ne doivent pas manger de sucre.

sans + un infinitif

>Nicanor sait jouer toute une composition sans faire de fautes.
>Peut-on acheter ces actions sans prendre de risques ?

EXERCICE B

Terminez la phrase par une quantité zéro.

EXEMPLE :   Sara ne m'a jamais joué...
   Sara ne m'a jamais joué de vilains tours.

1. Je n'ai jamais lu...
2. Je ne veux plus lire...
3. On peut s'enivrer sans prendre...
4. Tu as oublié ? Tu n'as pas acheté...
5. Le petit a juré de ne plus jamais dire...
6. Mlle Marbry a fait son jardin sans y planter...
7. Il arrive parfois qu'un poète ne sait plus écrire...
8. L'orchestre n'a pas joué...
9. Les Béliers font vite leurs tâches sans perdre...
10. Malgré nos espoirs, le Père Noël ne nous a pas apporté...

PAS UN représente une identification négative (= *autre chose que***).**

>Ce n'est pas un bol, c'est une assiette.
>>(= C'est autre chose qu'un bol.)

Pas de* vrai plaisir sans Perrier

*PAS DE ≠ PAS UN **(I.6)** —*Source Perrier*

Un digest est un magazine, mais un magazine n'est pas forcément un digest.
   (= Un magazine peut être autre chose qu'un digest.)

M. Cooman ne peut pas te vendre une Fiat, mais il peut bien te vendre une Volkswagen.
   (= M. Cooman peut te vendre autre chose qu'une Fiat.)

Cette identification est, bien sûr, possible aussi pour le pluriel de **un** : **des**, aussi bien que pour les indications partitives de quantité : **du, de la, de l'**.

Garçon, je n'ai pas commandé du vin, j'ai commandé de l'eau minérale.
   (= J'ai commandé autre chose que du vin.)

Finocchio's à San Francisco est un cabaret où les chanteuses ne sont pas des femmes, mais des hommes travestis.
   (= Les chanteuses sont autre chose que des femmes.)

Ce n'étaient plus des dents humaines qui luisaient dans la bouche du Dr. Jekyll; c'étaient des crocs hideux.
   (= C'était autre chose que des dents humaines.)

EXERCICE C

Selon le modèle suivant, faites une phrase avec les éléments donnés. Attention à la logique de votre phrase.

   EXEMPLE: poème; sonnet
       Les sonnets sont tous des poèmes, mais les poèmes ne sont pas tous des sonnets.

1. crimes; fautes
2. réveils; pendules
3. tiges; troncs
4. commencements; naissances
5. incendies; feux
6. chaussures; bottes
7. assassins; criminels
8. soldats; mercenaires

EXERCICE D

Trouvez un début raisonnable pour chaque phrase.

   EXEMPLE: ... c'est du vinaigre.
       Ce n'est pas du vin, c'est du vinaigre.

avoir de beaux cheveux, ce n'est pas une* question de chance... mais de soins.

Quand vous voyez un homme avec de beaux cheveux, ne dites pas... qu'il a de la chance. Il les entretient quotidiennement, avec Petrole Hahn, lotion capillaire polyactive qui rétablit les conditions essentielles à l'hygiène et à la santé des cheveux.

PETROLE HAHN

beauté et santé des cheveux

*PAS DE ≠ PAS UN (I.6) —Ets F. Vibert, S.A.

1. ... c'est de la matière plastique.
2. ... c'est une clémentine.
3. ... ce sont des langoustines.
4. ... c'est un trapézoïde.
5. ... ce sont des échalotes.
6. ... c'est du cresson.
7. ... ce sont des glaïeuls.
8. ... c'est un chardonneret.

PAS UN s'emploie à la place de **pas de** lorsqu'on veut insister sur l'absence complète de la chose en question. Très souvent dans ce cas on ajoute le mot **seul**.

La forêt était déserte, pas un oiseau, pas une bête.

Pas un seul ami n'est venu me voir à l'hôpital.

Le conférencier se rendait compte que son auditoire ne comprenait pas un seul mot de ce qu'il disait.

NB: PAS UN introduit toujours une unité, un nom singulier.

EXERCICE E

Changez la phrase de façon à insister sur l'absence totale de la chose en question.

EXEMPLE: Il n'y a pas de nuages dans le ciel.
Il n'y a pas un seul nuage dans le ciel.

1. Après l'orage il ne restait plus de feuilles sur les arbres.
2. Il faisait tellement de vent que, malgré le beau temps, il n'y avait pas de baigneurs sur la plage.
3. Après la mi-temps notre équipe n'a plus marqué de points.
4. Les cambrioleurs n'ont pas laissé de trace.
5. Pendant l'été je n'ai pas lu de livre sérieux.
6. Il y a des gens qui peuvent conduire comme des possédés pendant des années sans jamais avoir de contravention.
7. Ce berger a l'air paresseux, mais il n'a jamais perdu de moutons.
8. Tu iras te coucher immédiatement et je ne veux pas entendre de protestations.

PHRASES MODÈLES

1. Ne faites-vous jamais de projets d'avenir, mon enfant?
   JULIEN GREEN, *Mont-Cinère*

   Ne _____ vous jamais de _____, _____ ?

2. En amour, il n'y a ni crimes ni délits. Il y a des fautes de goût.
   Paul Geraldy, *L'Homme et l'Amour*
   En ~~~~~, il n'y a ni ~~~~~ ni ~~~~~. Il y a ~~~~~~~~~~.

3. Vienne n'est pas un musée, mais une ville qui veut vivre.
   Jacques Michel, dans le *Monde*
   ~~~~~ n'est pas un ~~~~~, mais ~~~~~~~~~~~~~.

4. Les oiseaux en chœur se réunissent et saluent de concert le Père et la vie; en ce moment pas un seul ne se tait.
   <div style="text-align:right">Jean-Jacques Rousseau, *Emile*</div>
   Les ~~~~~~~~~~~~~~~~~ et ~~~~~~~~~~~~~~~~~~~~~; en ce moment pas un seul ne ~~~~~.

7 PAR

PAR est une préposition à plusieurs sens. Elle est suivie d'un nom, d'un pronom ou d'un infinitif. PAR s'emploie pour indiquer :

le motif, le mobile. (Pourquoi?)

Rita savait bien que j'avais échoué à l'examen. C'était donc par méchanceté qu'elle m'a demandé ma note.

Lorsque les riches donnent de leur argent aux pauvres, c'est ou par pitié ou par un sentiment de honte.

Les chats aiment fouiller dans les tiroirs par curiosité.

l'agent (Qui?)

Hier soir juste en face de notre maison, une femme du quartier a été volée par un inconnu.

Les actions de plusieurs jeunes ecclésiastiques ont été publiquement réprouvées par le Pape.

NB: Pour l'auteur d'une œuvre on emploie la préposition **de**, jamais **par**.

Avez-vous lu *L'Etranger* de Camus?

le moyen; le mode de conduite (Comment?)

Répondez à ces questions par des phrases complètes.

Les soldats ont défilé par trois.

Il vaudrait mieux expédier la malle par chemin de fer.

l'endroit traversé (Où?)

Pour aller en train de Paris à Florence, il faut passer par Milan.

Deux chemins conduisent au château: l'un par la forêt, l'autre par les champs.

Au dix-huitième siècle encore, on jetait les ordures par la fenêtre.

la fréquence

D'habitude on mange trois fois par jour.

L'être humain dort à peu près trois mille heures par an.

Est-il vrai que ton petit frère passe quatre soirées par semaine au cinéma?

EXERCICE A

Ecrivez une phrase en vous servant de la donnée.

1. par New York
2. par mois
3. par chèque ou par mandat postal
4. par timidité
5. par la police
6. par le directeur de l'école
7. par complaisance
8. par écrit
9. par heure
10. par la porte

PAR s'unit aux verbes **commencer** et **finir** pour indiquer la première et la dernière action dans une série. **Commencer par** = *faire d'abord*. **Finir par** = *faire à la fin*.

a. J'étais si nerveux devant tant de spectateurs que je ne pouvais guère parler. J'ai commencé par balbutier quelques phrases inintelligibles, puis, Dieu sait comment, je me suis soudain calmé et j'ai fini par faire un discours tout à fait convaincant.

b. S'apercevant de ma nervosité, un garçon au premier rang a commencé par me faire un sourire ironique et malicieux, mais petit à petit il s'intéressait visiblement à ce que je disais et il a fini par m'applaudir avec enthousiasme.

c. Les applaudissements durant longtemps, j'ai commencé par être très content de moi-même, mais après quelques minutes je me sentais rougir, je ne savais que faire et j'ai fini par m'enfuir de l'estrade en courant comme un coupable.

Distinguez entre commencer par, finir par et **commencer à, finir de**. Ces derniers ne se rapportent pas à une série d'actions, mais marquent respectivement le début et la fin d'une seule.

Quand j'ai commencé à parler, je n'ai pu que balbutier des syllabes incohérentes.

Lorsqu'un petit au premier rang a commencé à se moquer de moi, j'aurais voulu le tuer.

Les spectateurs n'ont commencé à applaudir qu'après un profond silence admiratif.

Quand j'ai fini de faire mon discours, ma timidité habituelle m'est revenue.

Le petit a fini de sourire au moment où il a trouvé de l'intérêt à ce que je disais.

Rougissant, je me suis demandé: Ne finiront-ils jamais d'applaudir?

EXERCICE B

Complétez les phrases en choisissant entre **commencer par, finir par, commencer à, finir de**.

EXEMPLE : Ralphie déteste les endives; il les pousse toujours à l'extrême bord de son assiette, mais pour avoir son dessert il finit . . . . .

Ralphie déteste les endives; il les pousse toujours à l'extrême bord de son assiette, mais pour avoir son dessert il finit par les manger stoïquement.

1. Au début, le petit chien blessé se montrait très méfiant à l'égard de nous tous, mais petit à petit il a pris confiance et il a fini . . .
2. Le repas était très long et copieux. Ce n'est que vers minuit qu'on a fini . . .
3. A présent je prends mon café noir, tandis que quand je commençais . . . j'y mettais toujours un peu de lait et beaucoup de sucre.
4. En voyant que j'avais abîmé son disque favori, Léon a commencé . . .
5. Voulant me montrer combien il était mécontent de moi, Léon a commencé . . . , puis il est resté muet pendant quelques secondes, et il a fini . . .
6. Après plusieurs mois de prison, Verlaine a commencé . . .
7. Je vais me taire; je vois que tu as déjà fini . . .
8. Après avoir commencé . . . , les manifestants se sont échauffés, se sont attaqués aux agents et ont fini . . .
9. Las d'entendre rabâcher les mêmes raisonnements insipides, les manifestants ont fini . . . pour commencer . . .
10. La première impression que donne Lucienne est toujours défavorable, mais dès qu'on la connaît mieux, même après l'avoir détestée, on finit . . .

EXERCICE C

En vous servant de tous les usages de **par** mentionnés dans la leçon, exprimez autrement les idées suivantes.

1. Le pasteur a lu d'abord un psaume, puis il a donné un court sermon et enfin il a fait une prière émouvante.
2. La dispute a été réglée grâce à l'intermédiaire d'un ami avocat.
3. Certains Romains, sensibles à l'honneur, se suicidaient plutôt que de se laisser exécuter.
4. La première chose que je fais le matin c'est de me brosser les dents. Puis je me baigne, après quoi je me rase. Et la dernière chose que je fais, c'est de me peigner.

5. Ma sœur va à un concert symphonique au moins une fois toutes les semaines.
6. N'y a-t-il pas d'autre moyen d'arriver chez toi qu'en traversant le centre-ville ?
7. Néron a tué Poppée.
8. Quand on est au régime, on se limite quelquefois à un seul repas quotidien.
9. Ce cargo va de San Francisco au Havre, faisant escale à Mazatlan et au Panama.
10. Les animaux sont montés dans l'arche deux à la fois.

Voici quelques expressions utiles contenant PAR :

par rapport à	par hasard
par exemple	par conséquent
par trop	par suite de

PHRASES MODÈLES

1. Aujourd'hui, les professeurs ont remplacé la philosophie par son histoire.
   Claude Jamond, dans le *Figaro Littéraire*

   Aujourd'hui, ~~~~~~~~~~~~ remplacé ~~~~~~~~~~ par ~~~~~~~~.

2. M. Chateaubriand est une âme solitaire : il l'est et par nature et par éducation et par vocation artistique.
   Gustave Lanson, *Histoire de la littérature française*

   ~~~~~~~~~~~~ est ~~~~~~~~~~~~~~ : il l'est et par ~~~~~~ et par ~~~~~~ et par ~~~~~~~~~~~~.

3. Le son parcourt trois cent trente-sept mètres par seconde.
   <p align="right">*Dictionnaire de l'Académie Française*</p>

   ~~~~~~~~~~~~~~~~~~~~~~~~~~~~~~~~ par ~~~~~~.

4. Commençons par nous préparer, ensuite nous agirons.
   Emile Littré, *Dictionnaire de la langue française*

   Commençons par ~~~~~~~~~~~, ensuite nous ~~~~~~.

18 LE SUBJONCTIF (1) : NÉCESSITÉ

Une expression d'obligation, d'avantage on de contrainte + QUE amène automatiquement le subjonctif. Par exemple :

Il faut
Il est nécessaire
Il est indispensable   que vous croyiez à quelque chose.
Il est essentiel
Il est obligatoire

Il convient
Il est de regle   que les enfants soient polis.
Il est à propos

Il importe
Il est important
Il est urgent
Il est temps   que nous considérions le coût de ce projet.
Il est utile
Il est profitable
Il est avantageux

J'ai besoin   que quelqu'un me comprenne.

J'ordonne
Je défends   que mes étudiants s'en aillent.
J'empêche

Le subjonctif (toujours introduit par QUE) s'emploie avec ces mêmes expressions à la forme négative. Notez la distinction entre **il ne faut pas** (= cela n'est pas permis) et **il n'est pas nécessaire** (= on n'est pas obligé).

Il n'est pas nécessaire que vous soyez en avance; cependant il ne faut pas que vous soyez en retard.

Il ne faut pas que les petits enfants lisent des romans licencieux, mais il n'est pas nécessaire que les adultes s'en passent.

La négation de **il importe que** est **peu importe que**.

Lorsqu'un infinitif vient après une expression de nécessité, on emploie DE devant cet infinitif. (Exception : Avec **il faut**, l'infintif vient directement après.)

L'emploi de l'infinitif avec les expressions impersonnelles donne un sens général à la phrase.

    Il faut manger pour vivre.

    Il importe de savoir bien mentir.

Avec le verbe personnel **j'ai besoin**, l'infinitif est obligatoire quand le même sujet fait toutes les actions dans la phrase.

    J'ai besoin de me reposer.

    Paula n'a pas besoin d'étudier pour avoir des B.

Avec les verbes personnels **j'ordonne, je défends, j'empêche,** deux constructions sont possibles ; le sens est pareil.

INFINITIF	QUE+SUBJONCTIF
La reine ordonne à ses suivantes d'éviter toute rencontre amoureuse.	La reine ordonne que ses suivantes évitent toute rencontre amoureuse.
La reine défend à ses suivantes de se marier.	La reine défend que ses suivantes se marient.
La reine empêche ses suivantes de se marier.	La reine empêche que ses suivantes se marient.

EXERCICE A

Complétez la phrase avec **il ne faut pas** ou **il n'est pas nécessaire**, et la préposition ou la conjonction requise.

    EXEMPLE: ... jouer d'un instrument musical pour aimer la musique.

        Il n'est pas nécessaire de jouer d'un instrument musical pour aimer la musique.

1. ... offenser ses supérieurs si on veut garder son poste.
2. ... Umberto travaille pour gagner sa vie.
3. ... vous soyez toujours présent.
4. ... Silas continue à fréquenter des gars de mauvaise réputation.
5. ... avoir du sucre pour faire des gâteaux.
6. ... ta mère t'entende sortir de telles bêtises.
7. ... être cossu pour être heureux.
8. ... une jeune innocente écoute les boniments d'un lâche et subtil séducteur.

EXERCICE B

Ajoutez une proposition explicative à la phrase.

> EXEMPLE : ... il est indispensable de se marier.
>
> *Dans certaines sociétés, dès qu'on atteint l'âge de seize ans, il est indispensable de se marier.*

1. ... il n'est pas nécessaire de se presser.
2. ... il ne faut pas se presser.
3. ... elle défend qu'on se presse.
4. ... il convient qu'ils se pressent.
5. ... j'ai besoin que vous vous pressiez.
6. ... elle nous ordonne de nous presser.

EXERCICE C

Changez la phrase en substituant une proposition à l'infinitif. Le sujet de la proposition sera **tu, nous** ou **vous**.

> EXEMPLE : Il faut chercher le bonheur en soi-même.
>
> *Il faut que tu cherches le bonheur en toi-même.*

1. Il est indispensable d'avoir un visa avant de partir vivre à l'étranger.
2. Il est obligatoire d'obtenir une carte de séjour pour habiter en France.
3. Il sera nécessaire de prendre tous ces comprimés à la fois.
4. Il est urgent de prendre du repos.
5. Il est de règle de faire la révérence devant la reine.
6. Il ne convient pas de parler la bouche pleine.
7. Il est temps de s'en aller.
8. Il ne faut pas s'en aller maintenant.
9. Il importe de savoir de quoi on est capable.
10. Il n'était pas encore temps de dire au revoir.

EXERCICE D

Complétez la phrase.

> EXEMPLE : ... il faut ...
>
> *Si on veut dîner chez Maxim's il faut faire des économies pendant des mois.*

1. ... il est utile de ...
2. ... peu importe que ...

3. ... il n'est pas à propos de ...
4. Un astronaute a besoin de ...
5. Un astronaute a besoin que ...
6. Le dictateur ordonne que ...
7. Le président défend à ...
8. Le président défend que ...
9. Une mère sévère empêche ses enfants de ...
10. ... il ne faut pas que ...

PHRASES MODÈLES

1. Il faut, pour jouir du mauvais temps, que notre âme voyage, et que notre corps se repose.

   JACQUES-HENRI BERNARDIN DE SAINT PIERRE
   Etudes de la Nature

   Il faut, pour ~~~~~~~~~~, que ~~~~~~~~~~, et que ~~~~~~~~~~.

2. Est-il avantageux ou préjudiciable au bien de l'Etat que les gens de la campagne sachent lire et écrire ?

   Question de concours posée par l'Académie de Rouen, 1746

   Est-il avantageux ou préjudiciable à ~~~~~~~~~~ que ~~~~~~~~~~ ?

3. L'homme d'aujourd'hui a besoin que l'information soit vraie, l'analyse correcte, la prévision raisonnable.

   GEORGES SUFFERT, dans l'*Express*

   L'homme d'aujourd'hui a besoin que ~~~~~~~~~~, ~~~~~~~~~~, ~~~~~~~~~~.

4. Il est à propos que le peuple soit guidé et non pas qu'il soit instruit.

   VOLTAIRE, *Lettre* à *Damilaville*

   Il est à propos que ~~~~~~~~~~ et non pas que ~~~~~~~~~~.

9 LE SUBJONCTIF (2) : POSSIBILITÉ

Le subjonctif suit automatiquement toute expression d'éventualité + QUE. En d'autres termes, une expression qui laisse entrevoir la réalisation possible mais incertaine d'une action amène le subjonctif. Notez qu'il en est de même pour la forme négative.

Il est possible / **Il se peut**	qu'il y ait de la vie sur d'autres planètes.
Il est rare	que je rencontre quelqu'un d'aussi antipathique.
Il arrive / **Comment se fait-il**	que les meilleures intentions aboutissent au pire(?)
Il semble / **Il ne semble pas**	que l'astrologie redevienne une science respectée.
Il ne me semble pas	que vous m'ayez bien compris.
Je m'attends à ce	que cet auteur termine bientôt son roman.

Deux expressions communes marquent la certitude et sont suivies de l'indicatif.

Il est probable	que l'astrologie redeviendra une science respectée.
Il me semble	que vous m'avez bien compris.

Deux expressions sont suivies par DE + un infinitif pour indiquer un fait général.

Il est possible / **Il est rare**	de trouver un honnête homme dans la politique.

Il me semble et **il ne me semble pas** sont suivis d'un infinitif si celui-ci exprime une action accomplie par **je**.

Il me semble / **Il ne me semble pas** m'être bien exprimé.

S'attendre à est suivi par l'infinitif si la même personne fait toutes les actions dans la phrase.

Cet auteur s'attend à terminer son roman dans quelques jours.

EXERCICE A

Commencez la phrase par une des expressions suivantes: **il est possible, il est probable, il me semble, il ne me semble pas.** Faites les changements nécessaires à la forme du verbe.

1. ... que vous ayez assez appris sur l'évolution de l'homme.
2. ... que les cinq premiers livres de la Bible ont été écrit par Moïse.
3. ... de réussir auprès de certaines personnes sans le moindre effort.
4. ... que nous trouverons d'autres moyens de communication que ceux dont nous disposons à l'heure actuelle.
5. ... avoir entendu parler de ce peintre.
6. ... à Las Vegas de se rencontrer, de se marier et de divorcer en une seule journée.
7. ... que ce devoir soit trop facile.
8. ... que les troubadours aient créé l'idéal de l'amour courtois.
9. ... vous avoir déjà posé cette question.
10. ... que Gertrude Stein est parmi les plus grands auteurs de ce siècle.

EXERCICE B

Ajoutez une expression d'éventualité à l'affirmation donnée.

EXEMPLE: Le beurre est rance.
Il se peut que le beurre soit rance.

1. Mes enfants m'obéiront.
2. Baudelaire avait entendu parler de Jeanne Duval avant de la connaître.
3. Un jour, un noir sera Président.
4. Il fera soleil cet après-midi.
5. Ce nouveau traitement aidera des psychopathes considérés jusqu'à présent inguérissables.
6. Ce poème a été conçu quand l'auteur était encore adolescent.
7. Les chauffeurs de taxi parisiens conduisaient très vite.
8. Rosa finit ce qu'elle a commencé.
9. Il n'y a pas de neige en Nouvelle-Angleterre à Noël.
10. La race humaine se détruira un jour.

EXERCICE C

Terminez les phrases.

1. Il est rare que ...
2. Il ne me semble pas que ...

(I.9) *Le subjonctif (2): Possibilité* 45

    3. Il est probable que...
    4. Il est possible que...
    5. Il est rare de...
    6. Mon oncle s'attend à...
    7. Au dix-huitième siècle il n'était pas possible de...
    8. Il me semblait que...
    9. Il semble que...
   10. Diderot s'attendait à ce que...
   11. Au vingt-et-unième siècle il sera possible de...
   12. Il y a plusieurs années il était rare que...
   13. Je ne m'attendais guère à...
   14. Si les arbres parlaient, il serait possible que...
   15. Il se peut que...

PHRASES MODÈLES

1. Quoi qu'il en soit, il semble bien que la vie politique suédoise ait cessé d'être calme.
                                              Guy de Paramond, dans le *Monde*

   Quoi qu'il en soit, il semble bien que _____
   _____.

2. Il est rare que les faiseurs d'opinion en art et en littérature ne subissent pas la tyrannie des imbéciles.
                                         Emile et Jules de Goncourt, *Journal*

   Il est rare que _____
   _____.

3. Il est possible mais peu probable qu'on puisse prévenir l'anéantissement de la plus grande partie de l'humanité et de toutes les formes de cultures actuelles.
                                         Georg Picht, cité dans le *Figaro Littéraire*

   Il est possible mais peu probable que _____
   _____
   _____.

4. On envisage toutes les éventualités sauf que la révolution puisse précisément surgir au sein même de la contrée honnie, de ce nid de l'antirévolution qu'est l'Amérique.
                                       Jean-François Revel, *Ni Marx ni Jésus*

   On envisage toutes les éventualités sauf que _____
   _____, _____
   _____.

10 LES APPROXIMATIONS

VERS s'emploie pour indiquer une heure ou une année approximative.

Venez vers deux heures.

Botticelli est mort vers 1500.

ENVIRON indique une approximation de quantité.

J'ai environ quatre cents disques.

Un bon manteau coûte cent vingt dollars environ.

À PEU PRÈS a le même sens qu'**environ**.

J'ai quatre cents disques à peu près.

PRESQUE donne un sens approximatif (= pas tout à fait)

— à un complément :

Sophie a terminé presque toute la leçon.

Ole et Duncan ont commencé à parler presque en même temps.

— à un attribut :

Votre devoir est presque parfait.

Herbert est presque sans ressources.

— à un verbe (indiquant l'achèvement prochain d'une action) :

Sophie a presque terminé.

Nous sommes presque arrivés.

NB : **Presqu'** n'existe que dans le mot **presqu'île**.

FAILLIR. Ce verbe s'emploie pour marquer une action inachevé dans le passé.

J'ai failli gagner le prix.

Clem a failli tomber.

OU PEU S'EN FAUT (= **presque**) s'ajoute à la fin d'une phrase pour en atténuer la force.

Votre devoir est parfait, ou peu s'en faut.

Sophie a terminé, ou peu s'en faut.

(I.10) *Les approximations*

DIZAINE, VINGTAINE, etc. Un chiffre approximatif peut se construire sur tous les multiples de dix. Notez : *une —aine de*

> une quarantaine de bouteilles
> une cinquantaine d'étoiles
> une centaine de membres

La quarantaine, la cinquantaine, etc. indiquent l'âge, l'anniversaire.

> Une de mes tantes approche de la soixantaine.
> (= Elle aura bientôt soixante ans.)

NB : **Une quinzaine de** existe aussi.
Une douzaine de n'est pas un chiffre approximatif.
Pour **mille** le chiffre approximatif est **un millier, des milliers (de)**.

QUASIMENT est un adverbe qui signifie plus ou moins.

> On a laissé le vagabond quasiment mort au bord de la route.

EXERCICE A

Donnez une nuance d'approximation aux affirmations suivantes.
1. Dans cette classe il y a vingt-six étudiants.
2. On est arrivé au restaurant à huit heures et quart.
3. André fume quatre paquets de cigarettes par jour.
4. Nanot est sortie de la salle en courant.
5. Louis XIV a été couronné en 1643.
6. Dans cette classe il y a trente étudiants.
7. Nous avons compris tout ce que le philosophe a dit.
8. Vous vous exprimez bien, les rares fois où vous parlez.
9. Les premiers téléviseurs ont été mis en vente il y a vingt-cinq ans.
10. Ce vieux peintre est aveugle.

EXERCICE B

Exprimez les idées suivantes d'une autre façon.
1. Angélique était sur le point de se marier, mais elle ne l'a pas fait.
2. Des quarante membres de ce club, la secrétaire n'a compté qu'approximativement la moitié à la réunion.
3. La science médicale va bientôt trouver le secret de la vie.
4. Dans un collier il y a d'habitude trente-cinq perles, ou trente-quatre ou trente-six.

5. Violette était très près de la mort à cause de cette fièvre.
6. Le mois dernier en France, on a eu entre 160 et 170 millimètres de pluie.
7. Christiane, qui aura quarante ans dans quelques mois, passe de longues heures, seule et pensive, devant son miroir.
8. En pénétrant dans la maison abandonnée, nous avons entendu le grouillement de deux mille, trois mille, peut-être quatre mille cafards.
9. Quoique Judy ait l'habitude des routes verglacées, nous avons tout juste évité un accident.
10. Des terroristes ont téléphoné au Pentagone pour dire qu'une bombe y exploserait un peu avant deux heures.

EXERCICE C

Faites le portrait d'un être «approximatif»: ses opinions vascillantes, ses hésitations, ses projets non-réalisés, ses faits et gestes imprécis, etc.

PHRASES MODÈLES

1. J'ose presque dire que l'état de réflexion est un état contre nature et que l'homme qui médite est un animal dépravé.

    JEAN-JACQUES ROUSSEAU, *Discours sur l'origine et les fondements de l'inégalité parmi les hommes*

    J'ose presque dire que ~~~~~~~~~~~~~~~~~~~~~~ et que ~~~~~~~~~~~~~~~~~~~~~~~~~~.

2. Tout homme se fait une idée plus ou moins précise de son environnement et cette idée—plus que la réalité objective—constitue le véritable cadre de sa vie.

    ALFRED FALQUE, dans le *Figaro Littéraire*

    Tout homme ~~~~~~~ plus ou moins ~~~~~ de ~~~~~~~~~ et ~~~~~~~—plus que ~~~~~~~~~~~—constitue ~~~~~~~~~~ ~~~~.

3. Au château de Pommard, construit en 1802, les vingt hectares de vignes sont vendangés par une troupe d'une quarantaine de coupeurs environ.

    Le Figaro Littéraire

    ~~~~~~~~~~~~~~, ~~~~~~~~~~, les ~~~~~~~~~~ sont ~~~~~~~ par ~~~~~~~ d'une—aine de ~~~~~~~ environ.

(I.10) *Les approximations* 49

4. Henri Ford II porte sur ses larges épaules un nom qui, pour des centaines de millions d'hommes, évoque le triple symbole du capitalisme, de l'Amérique et de l'automobile.

   Robert Franc, dans l'*Express*

   ~~~~~~, pour des centaines de millions de ~~~~~~, ~~~~~~~~~~~~~~~~~~~~~~~~~~~~~, ~~~~~~~~~~~~~~~~~~~~~~~~~~~.

II *deuxième partie*

II 1 QUE EN TÊTE DE PHRASE

QUE fait, d'une affirmation, une exclamation.

>La vie est triste.   Que la vie est triste!
>Robert est bête.   Que Robert est bête!
>La nuit semble longue.   Que la nuit semble longue!

QUE suivi du subjonctif exprime un ordre ou un désir.

>Que vous puissiez tous trouver le bonheur!
>>(= Je veux que vous puissiez tous trouver le bonheur.)
>
>Que l'assassin meure!
>>(= J'ordonne qu'il meure.)
>
>Qu'il fasse beau demain!
>>(= Je souhaite qu'il fasse beau demain.)

EXERCICE A

En vous servant de **que**, changez les affirmations suivantes en exclamations ou en expressions de désir, selon le sens.

>EXEMPLE: Ton père est méchant.
>>*Que ton père est méchant!*
>
>>Le malade guérira.
>>*Que le malade guérisse!*

1. Le criminel est condamné.
2. Vous êtes bizarre.
3. Je suis déprimé.
4. Cette femme bavarde sortira d'ici.
5. Mireille est à plaindre.
6. Cette anthologie est mal faite.
7. Vos grands-parents sont jeunes.
8. Ma femme me téléphonera plus tard.
9. Ton chien a l'air bête.
10. L'avenir t'apportera ce que tu mérites.

QUE est un pronom qui introduit une phrase interrogative où la question porte sur l'objet direct, cet objet étant une chose.

Qu'allez-vous faire maintenant ?
Qu'avez-vous vu ?
Que dit ce bègue ?

EXERCICE B

En vous servant de **que**, écrivez une question logique pour chaque réponse.

EXEMPLE:	*Qu'avez-vous regardé à la télévision hier soir?*	Une adaptation musicale d'une comédie de G.B. Shaw.
1.		Ils cueillent des fleurs.
2.		Je voudrais parler au patron.
3.		Il est ingénieur.
4.		Un roman policier.
5.		La neuvième symphonie de Beethoven.
6.		*Bonnie et Clyde.*

EXERCICE C

Exprimez les idées suivantes à l'aide de **que**.
1. Comme vous êtes gentil pour moi !
2. J'espère qu'il ne fera pas gris cet après-midi.
3. Quelle chose avez-vous entendue ?
4. Quelle est sa profession ?
5. Je voudrais le voir aller au diable.
6. Quelle boisson est-ce que vous préférez ?
7. Si l'accusé est innocent, je compte entendre sa propre défense.
8. Quels morceaux le baryton a-t-il chantés ?

Une proposition subordonnée commençant par QUE mise en tête de phrase prend le caractère d'un substantif. Elle est donc représentée dans la proposition principale successive par un pronom. Son verbe est toujours au subjonctif.

Qu'il ait menti, je n'en doute pas.

Qu'elle soit belle, je vous l'accorde ; mais elle est on ne peut plus lascive.

Que vous veniez à ma soirée ou que vous alliez à celle que donne les Martin, cela m'est parfaitement égal.

EXERCICE D

Récrivez les phrases suivantes en renversant l'ordre des propositions et en y ajoutant les pronoms nécessaires.

(II.1) QUE *en tête de phrase* 55

EXEMPLE :   Mme Dewsbury ne croira jamais que son cher fils ait fait un enfant à la bonne.
Que son cher fils ait fait un enfant à la bonne, Mme Dewsbury ne le croira jamais.

1. Je n'ai jamais cru que Judas ait trahi Jésus pour de l'argent et rien que pour de l'argent.
2. Le médecin prédit que Vivienne aura des jumeaux.
3. Je suis sûr qu'on peut faire revenir les morts.
4. Héloïse est persuadée qu'Abélard est amoureux d'elle.
5. Mon père a vu dans le journal, avant de recevoir le coup de téléphone de sa banque, qu'il avait été ruiné.
6. Des expériences prouvent que, dans le tabac, le goudron est plus nuisible que la nicotine.
7. Une large majorité de la population de l'Inde croit toujours que les vaches sont sacrées.
8. Mme Notteau tient à ce que ses enfants aient les avantages dont elle n'a pas bénéficié.

PHRASES MODÈLES

1. Ah! que le monde est beau et que je suis malheureux!
    PAUL CLAUDEL, *L'Annonce faite à Marie*

    Ah! que ～～～～～～ et que ～～～～～～ !

2. Que nous révèle un regard de femme?
    LEONARD KEIGEL, dans le *Figaro*

    Que nous ～～～～～～～～～ ?

3. Qu'il y ait des vocations, des aptitudes et des goûts déterminants, nul ne le conteste.
    GERARD BONNOT, dans l'*Express*

    Qu'il y ait ～～～～, ～～～～ et ～～～～～, ～～～ le ～～～.

4. Que les aveugles seraient malheureux, sans les petites attentions de ceux qui les environnent! Nous-mêmes, que nous serions à plaindre sans elles.
    DENIS DIDEROT, *Lettre sur les Aveugles*

    Que les ～～～ seraient ～～～～, sans ～～～～～～～
    ～～～～～～～ ! Nous-mêmes, que nous serions ～～～ sans ～～.

Clôture ornementale Bekaert: digne de ce qu'elle*entoure.

Pour construire votre villa, vous avez choisi les meilleurs matériaux. Et pour la beauté de votre pelouse, sélectionné le meilleur gazon. Oseriez-vous leur refuser la meilleure clôture ? Pour vous, Bekaert s'est posé la question et prévu la réponse : une clôture ornementale. Décorative et à double arceau. Tout en fil d'acier galvanisé, et plastifié vert sapin. Aussi élégant à la vue que solide à l'usage. Une vraie clôture pleine d'attention pour votre villa et digne de ce qu'elle entoure.

BEKAERT
N.V. Bekaert S.A. Zwevegem.
Belgique

Coupon-réponse
à compléter et à envoyer à la N.V. Bekaert S.A., Bureau de vente Belgique-Luxembourg, 8550 Zwevegem, Belgique.
Je suis intéressé par la clôture ornementale Bekaert. Veuillez me faire parvenir sans engagement, toute documentation utile à son sujet.
Nom :
Adresse complète :

VAN MAANEN, OGILVY & MATHER

*CE QUI (II.2) —N.V. Bekaert, S.A., Belgium

24 CE QUI

CE QUI (CE QUE, CE DONT, CE À QUOI) est une combinaison de deux pronoms : **ce**, pronom neutre (= qui ne remplace rien de précis) et **qui (que, dont, à quoi)**, pronom relatif (= qui met en relation **ce** et le reste de la proposition). On s'en sert pour parler d'une chose, d'un fait, d'une situation, jamais d'une personne ; car **ce** = *la chose, les choses*. Le verbe qui suit est toujours au singulier.

 Je ne peux pas vous recommander de film sans savoir ce qui vous intéresse.
  (= sans savoir les choses qui vous intéressent)
 Le comte transylvanien devait être affamé ; Lucy lui a demandé ce qu'il voulait manger et il lui a sauté au cou.
  (= Lucy lui a demandé la chose qu'il voulait manger.)
 Mon psychiatre refuse de me dire ce dont j'ai besoin.
  (= me dire la chose dont j'ai besoin)
 Lilith passe des heures sans bouger, un regard lointain dans les yeux. Personne ne devine ce à quoi elle pense.
  (= Personne ne devine les choses auxquelles elle pense.)

NB: **Ce qui, ce que, ce dont, ce à quoi** ne sont que quatre formes différentes du même terme.

QUI est le sujet de la proposition.
 ce qui vous intéresse
  (Certaines choses vous intéressent.)

QUE est l'objet direct de la proposition.
 ce que le comte voulait manger.
  (Le comte voulait manger certaines choses.)

DONT s'emploie lorsque l'expression verbale de la proposition est suivie par **de**.
 ce dont j'ai besoin
  (J'ai besoin de certaines choses.)

À QUOI s'emploie lorsque l'expression verbale de la proposition est suivie par **à**.
 ce à quoi Lilith pense
  (Lilith pense à certaines choses.)

EXERCICE A

Terminez la réponse en vous servant de **ce qui, que, dont, à quoi**.

EXEMPLE : Je sais certaines choses. —Dites-moi...
Dites-moi ce que vous savez.

1. J'ai entendu dire certaines choses. —Dis-moi...
2. Certaines choses sont importantes. —Me diras-tu...
3. Pam désire certaines choses. —Elle ne veut pas dire...
4. J'ai peur de certaines choses. —Évite...
5. Les étudiants ont droit à certaines choses. —Ils ne devraient réclamer que...
6. Paulie cherchait certaines choses. —A-t-elle trouvé...
7. Certaines choses me concernent. —Occupe-toi de...
8. Certaines choses sont bonnes, certaines mauvaises. —Ma mère m'a appris...
9. Je m'attends à certaines choses. —Peut-on savoir...
10. Henri a envie de certaines choses. —Qu'il prenne...

EXERCICE B

Complétez chaque phrase de deux façons différentes.

EXEMPLE : J'ai oublié ce qui ...
ce que ...

J'ai oublié ce qui avait été décidé.
J'ai oublié ce que je cherchais.

1. Un amnésique ne se rappelle pas du tout ce qui ...
ce que ...
2. Je n'aurai jamais ce que ...
ce dont ...
3. Hercule Poirot ne comprenait pas encore ce que ...
ce qui ...
4. Nos traits ne laissent pas toujours paraître ce à quoi ...
ce qui ...
5. Au paradis on jouira de tout ce dont ...
ce que ...
6. Ce que ... c'est qu'on me laisse tranquille.
Ce qui ...
7. Les naufragés ont vidé leurs sacs pour voir ce que ...
ce qui ...
8. La première de la pièce n'était pas tout ce que ...
ce à quoi ...

(II.2) CE QUI

9. A la veille de la guerre, tout le monde se demande ce qui ... / ce que ...

10. Ce que ... / Ce qui ... c'est d'être obligé de penser.

CE QUI peut représenter une idée qui vient d'être énoncée. On s'en sert alors pour faire une remarque supplémentaire sur toute une proposition précédente. CE QUI dans ce cas = *un fait qui, cela*.

La mère de Denis est morte quand celui-ci avait deux ans, ce qui l'a déformé irrémédiablement.
 (= cela l'a déformé irrémédiablement)

Les statisticiens affirment que dans soixante-dix ans il n'y aura plus de terrain libre, inhabité, sur toute la terre, ce que je trouve invraisemblable.
 (= un fait que je trouve invraisemblable)

Le médecin a dit à Emilienne qu'il n'y avait que deux personnes sur mille qui mouraient de sa maladie, ce qui ne l'a guère rassurée.
 (= un fait qui ne l'a guère rassurée)

EXERCICE C

Ajouter à la donnée une remarque supplémentaire, commençant par **ce qui** ou **ce que**.

EXEMPLE : M. Halladay a fumé pendant tout le repas, ...

M. Halladay a fumé pendant tout le repas, ce qui lui a valu des reproches de ma mère.

1. Notre voisin a laissé entrer ses vaches dans notre jardin où elles ont tout dévasté, ...
2. Jeannette a voyagé partout dans le monde, ...
3. Ma tante s'obstine à mettre toujours un peu de sel dans le café qu'elle prépare, ...
4. Mozart est mort à trente-cinq ans, ...
5. On s'acharne à conquérir l'espace, ...
6. Certains enthousiastes de la culture physique se baignent dans la mer en plein hiver, ...
7. On parle d'une nouvelle autoroute qui sera construite au centre même de la ville, ...

PHRASES MODÈLES

1. Nous ferons tout ce qui nous plaira! Nous laisserons pousser notre barbe!
    GUSTAVE FLAUBERT, *Bouvard et Pécuchet*

 Nous ~~~~ tout ce qui ~~~~~~! ~~~~~~~~~~~~~~!

2. Je me demande parfois ce que rechercheront et ce que trouveront les amateurs d'antiquités en l'an 2200.

          Hubert Cardinal, dans le *Figaro Littéraire*

Je me demande parfois ce que ~~~~~~~~ et ce que ~~~~~~~~ ~~~~~~~~~~~~~~~~~~~~~~~~~.

3. Ce qu'il y a de plus difficile à gagner dans ce monde, ce qui se paie le plus cher, c'est le bonheur et l'honneur d'être riche.

          Edmond et Jules de Goncourt, *Renée Mauperin*

Ce qu'il y a de ~~~~~~~~ à ~~~~~~~~~~~~~~, ce qui ~~~~~~~~ ~~~~, c'est ~~~~~~~~~~~~~~~~~~~~~~.

4. «Nous entrons dans l'ère du Verseau, ce qui signifie paix et amour», crient les 400.000 garçons et filles rassemblés pour le grand cérémonial de Woodstock.

          Emile Guikovaty, dans l'*Express*

«~~~~~~~~~~~~~~~~~~~~~~~~~~~~~, ce qui ~~~~~~~~~~~~~~~~~~~,» ~~~~~~.

3 VERBE SIMPLE ≠ VERBE COMPOSÉ

Un verbe simple s'écrit en un seul mot:

le présent de l'indicatif: je comprends
le présent du subjonctif: je comprenne
l'imparfait: je comprenais
le futur: je comprendrai
le futur dans le passé: je comprendrais

Un verbe composé s'écrit en deux mots:

le passé composé: j'ai compris
le passé du subjonctif: j'aie compris
le plus-que-parfait: j'avais compris
le futur antérieur: j'aurai compris
le futur antérieur passé: j'aurais compris

Lorsqu'un verbe composé rencontre un verbe simple, le verbe composé se rapporte à une action achevée avant l'action du verbe simple.

a. Je comprends maintenant que tu m'as tout expliqué.
   (D'abord tu m'as tout expliqué.)
   (Maintenant je comprends.)

b. Je mangeais tranquillement des huîtres sans me souvenir que la dernière fois j'en étais tombé gravement malade.
   (Une fois je suis tombé gravement malade.)
   (Plus tard je mangeais tranquillement des huîtres.)

c. Je viendrai te chercher aussitôt que j'aurai terminé ce maudit devoir.
   (D'abord je terminerai ce maudit devoir.)
   (Puis je viendrai te chercher.)

d. J'ai dit à Maman que je monterais lui dire bonne nuit dès que je serais rentré.
   (D'abord je rentrerais.)
   (Ensuite je monterais dire bonne nuit à Maman.)

On appelle l'action du verbe composé une action *antérieure* parce que, dans n'importe quel contexte—passé, présent, futur—cette action précède, est antérieure aux actions principales dont on parle.

Contexte passé: J'avais la gueule de bois dimanche parce que j'avais trop bu samedi soir.

Contexte présent: J'ai la gueule de bois aujourd'hui parce que j'ai trop bu hier soir.

Contexte futur: J'aurai certainement la gueule de bois demain parce que j'aurai trop bu ce soir.

NB: Dans tous les trois contextes l'action de boire précède l'action d'avoir la gueule de bois.

Certains «mariages» habituels de temps simples avec temps composés doivent être remarqués. Cherchez des exemples parmi les phrases illustratives ci-dessus.

présent / passé composé
imparfait / plus-que-parfait
futur / futur antérieur
futur dans le passé / futúr antérieur passé

NB: Il n'y a pas de «mariage» pour le subjonctif, puisque son emploi, simple ou composé, dépend de facteurs étrangers à la question d'antériorité. Il est toujours vrai cependant que la forme composée marque une action accomplie, achevée avant les autres actions dans la phrase.

J'ai la gueule de bois aujourd'hui bien que j'aie très peu bu hier soir.

NB: Un «mariage» très commun fait exception à tout ce que nous avons vu: imparfait/passé composé. Ces deux temps, bien qu'ils représentent une rencontre entre simple et composé, se rapportent à des actions simultanées: le passé composé indiquant une action accomplie dans le passé, l'imparfait indiquant les circonstances dans lesquelles s'est passée cette action.

Tout le monde attendait à table; j'ai sorti le soufflé du four.

Clark et Lois s'embrassaient tendrement quand il y a eu un tremblement de terre.

C'est pour cette raison qu'on emploie aussi le plus-que-parfait pour marquer une action antérieure é celle du passé composé.

Au moment où j'ai sorti le soufflé du four, j'ai remarqué que j'avais oublié d'y mettre le saumon.

Un tremblement de terre a mis fin à tous les projets de Lois; elle n'avait pas encore trouvé le courage d'embrasser Clark.

EXERCICE A

Changez le contexte présent en un contexte passé, puis en un contexte futur.

     EXEMPLE: José veut écouter mes nouveaux disques, mais je ne les ai pas apportés.

                     José voulait écouter mes nouveaux disques, mais je ne les avais pas apportés.

(II.3) *Verbe simple ≠ verbe composé*

> *José voudra écouter mes nouveaux disques, mais je ne les aurai pas apportés.*

1. Au moment où le coupable avoue ses mobiles à Maigret, celui-ci les a déjà devinés.
2. On cherche inutilement la bombe; le saboteur est parti.
3. Hélène porte un vieux tailleur qu'elle n'a pas fait nettoyer.
4. Kurt dépense follement tout l'argent dont il a hérité.
5. Mon bateau part bientôt et mon visa n'est pas encore arrivé.

EXERCICE B

Ajoutez au petit paragraphe une phrase contenant une action antérieure.

> EXEMPLE : Il était cinq heures du matin. Les oiseaux commençaient à chanter.
>
> *Il était cinq heures du matin. Les oiseaux commençaient à chanter. Je n'avais pas fermé l'œil de la nuit.*

1. Il pleuvait dru depuis des heures. Les enfants s'énervaient de plus en plus.
2. Aujourd'hui c'est l'anniversaire de Donna. Elle a trente-quatre ans.
3. L'été dernier je ne suis pas parti en vacances. J'avais trop de choses à faire.
4. La princesse ne s'intéresse pas au mariage. Le roi pourtant pense qu'il est temps qu'elle soit fiancée.
5. «Si je te prête mon exemplaire de *Mort à crédit*, quand me le rendras-tu ? Te mettras-tu tout de suite à le lire ?»
6. Je ne sais pas quelle heure il est. Ma montre ne marche plus.
7. Plus l'heure de dîner approchait, plus j'avais faim. Cela n'avait rien d'extraordinaire d'ailleurs.
8. Orphée, marchant devant, conduisait Eurydice hors des enfers. Bientôt, il ne pouvait plus s'empêcher de se retourner pour la regarder.
9. J'ai fouillé partout, dans mes vêtements, dans tous les tiroirs, dans la voiture. Je n'ai pas trouvé de cigarettes.
10. Au début du dix-huitième siècle on craignait beaucoup la petite vérole, ne sachant pas qu'un demi-siècle plus tard on n'aurait plus raison d'en avoir peur.

EXERCICE C

Terminez la phrase par une proposition contenant une action antérieure.

> EXEMPLE :   La solution me paraissait bien simple, cependant ...

La solution me paraissait bien simple, cependant je n'y avais pas pensé.

1. Ton visage n'aura plus l'air si maigre une fois que...
2. Papa va nous emmener à la foire pourvu que...
3. La bouteille que je cherchais, je l'ai trouvée sous mon nez,...
4. Nous pourrons déjeuner à Anvers, car...
5. Quand on s'est démasqué au bal, j'ai été surpris de voir que je dansais avec une très bonne amie;...
6. Ce matin on a trouvé la cour jonchée de poules mortes; apparemment...
7. Kathy sera une des premières à passer ses vacances dans la lune quand...
8. Je parle très bien le néerlandais, et pourtant...
9. Brooks parlait très bien le russe, et pourtant...
10. La police ne trouvera pas ces bijoux chez moi, car...

PHRASES MODÈLES

1. La femme qui se tenait devant moi, avait vécu bien des années dans cette paix terrible des âmes refusées, qui est la force la plus atroce du désespoir.

   GEORGES BERNANOS, *Journal d'un curé de campagne*

   ~~~~~~~ qui ~~~ —ait ~~~~~~~, avait ~~~~~~~~~~~~~~~
   ~~~~~~~~~~~~~~~~~, ~~~~~~~~~~~~~~~~~~.

2. On a perdu bien peu quand on garde l'honneur.

   VOLTAIRE, *Adélaïde du Guesclin*

   On a ~~~~~~~ quand on ~~~~~~~.

3. Les progrès du féminisme et l'évolution sociale créeront et ont créé déjà des formes féminines nouvelles.

   MAURICE GRÉVISSE, *Le Bon Usage*

   ~~~~~~~~~~~ et ~~~~~~~~~~~—ront et ont ~~~ déjà ~~~~~~~~~~~.

4. Quand le moment viendra d'aller trouver les morts, j'aurai vécu sans soins et mourrai sans remords.

   JEAN DE LA FONTAINE, *Fables*

   Quand le moment viendra de ~~~~~~~~~, j'aurai ~~~~~ et ——ai ~~~~~~.

II 4 LES VERBES PRONOMINAUX

Les verbes pronominaux sont de trois sortes : réfléchis, réciproques, passifs.

Verbe réfléchi: Narcisse s'est regardé.
   (= Narcisse a regardé Narcisse.)

Verbe réciproque: Roméo et Juliette s'aimaient.
   (= Roméo aimait Juliette et Juliette aimait Roméo.)

Verbe passif: Le français se parle à la Nouvelle-Orléans.
   (= Le français est parlé à la Nouvelle-Orléans.)

NB: Le sujet d'un verbe pronominal passif est une chose, jamais une personne.

Les pronoms réfléchis sont ME, TE, SE, NOUS, VOUS, SE.

Il n'y a que cinq pronoms qui peuvent suivre un pronom réfléchi : **le, la, les, y, en**.
Autrement dit, seules les combinaisons suivantes sont possibles :

me le,   me la,   me les,   m'y,   m'en
te le,   te la,   te les,   t'y,   t'en
se le,   se la,   se les,   s'y,   s'en
nous le,   nous la,   nous les,   nous y,   nous en
vous le,   vous la,   vous les,   vous y,   vous en

A la forme infinitive, il faut prendre soin de changer le pronom pour qu'il corresponde au sujet de la phrase.

Je dois **me** dépêcher.
Nous allons **nous** baigner.
Veux-tu **te** taire ?

Tous les verbes pronominaux se conjuguent avec **être** aux temps composés. Le participe passé s'accorde avec un objet direct qui précède le verbe. Cet objet peut être :

— un substantif

Crois-tu que les émeraudes que Marianne s'est achetées soient vraies ?

"Nesquik. Si on s'écoutait,* on en prendrait bien un deuxième."

La passion pour Nesquik, ça ne s'explique pas. Dès la première gorgée, on adore ça. Comme ça. Sans raison. Les raisons, on les trouve plus tard, quand on veut s'écouter : son goût de chocolat Nestlé, sa préparation instantanée dans du lait, sa légèreté, sa digestibilité. Excellentes raisons pour en prendre un deuxième. Qui a dit que la passion pour Nesquik, ça ne pouvait pas se raisonner ?

*LES VERBES PRONOMINAUX (II.4) —*Nestlé Inc.*

66

(II.4) *Les verbes pronominaux*

— ou **le, la, les**

Elle se les est achetées chez un joaillier plutôt suspect.

— ou, le plus souvent, le pronom réfléchi

Et pour les porter, l'idiote s'est habillée tout en vert.

Cependant le pronom réfléchi est parfois indirect et dans ce cas il n'amène jamais l'accord. Le pronom réfléchi est toujours indirect :

— lorsqu'il y a un objet direct ailleurs dans la phrase

Marianne s'est acheté des émeraudes.

— lorsqu'il s'agit d'un verbe de communication (**parler, rappeler, écrire**, etc.)

Deux de ses amies se sont demandé si elles étaient des vraies.

— lorsque le verbe est **imaginer, figurer, plaire, nuire, ressembler, sourire, succéder**

Les amies de Marianne se sont souri malicieusement.

EXERCICE A

Ecrivez une phrase contenant un verbe pronominal au passé composé et :
1. un substantif féminin comme objet direct qui précède le verbe.
2. un pronom réfléchi suivi de **les**.
3. un substantif objet direct qui suit le verbe.

Employez le verbe indiqué comme verbe pronominal au passé composé.
4. téléphoner
5. offrir
6. jeter
7. imaginer
8. revoir
9. plaire
10. regarder

Voici une liste de verbes pronominaux utiles.

s'acharner à	essayer très fort de
s'agenouiller	se mettre à genoux
s'appercevoir de (que)	remarquer
s'approcher de	se mettre près de
s'assoupir	s'endormir à moitié

se blottir	se replier sur soi-même
se dépêcher de	agir à la hâte
se disputer avec	faire une querelle à
se douter de (que)	soupçonner, croire discerner
s'échapper de	prendre la fuite, sortir secrètement de
s'écrier	prononcer en criant
s'écrouler	tomber en morceaux
s'effondrer	tomber en morceaux
s'en aller	partir
s'endormir	se laisser aller au sommeil
s'enfuir	se sauver en courant
s'ennuyer	éprouver de l'ennui
s'éprendre de	tomber amoureux de
s'étonner de (que)	être surpris de
s'évader de	prendre la fuite, sortir secrètement
s'évanouir	perdre connaissance
se hâter de	agir à la hâte
se jouer de	mépriser, ridiculiser
se méfier de	ne pas avoir confiance en
se méprendre sur	prendre une chose pour une autre
se moquer de	mépriser, ridiculiser
s'occuper de	donner son temps à
se plaindre de (que)	exprimer son mécontentement sur
se presser	agir à la hâte
se rappeler que	avoir mémoire de
se ratatiner	se contracter; devenir plus petit en desséchant
se rebeller	refuser d'obéir
se réfugier	se retirer en un lieu sûr
se réjouir de	éprouver de la joie
se rendre compte de (que)	remarquer
se repentir de	avoir un véritable regret
se résoudre à	prendre la décision de
se rétrécir	devenir plus étroit, plus petit (se dit des étoffes)
se réunir	se mettre en groupe
se sauver	fuir
se servir de	employer
se soucier de	éprouver de l'inquiétude sur
se souvenir de (que)	avoir mémoire de
se taire	garder le silence; cesser de parler
se tromper de	tomber dans l'erreur; prendre une chose pour une autre

EXERCICE B

Complétez chaque phrase en vous servant d'un verbe de la liste précédente. Vous pouvez ajouter ce qui vous plaît pour rendre votre phrase plus intéressante.

1. Quand on est tout à fait épuisé...
2. ... dans votre fauteuil.
3. Parfois les révoltés...
4. A la fin de la cérémonie...
5. Si j'avais su que les prisonniers...
6. Don Juan a la réputation de...
7. Oh, pardon, monsieur,...
8. ... vers des régions inconnues.
9. Si on n'a pas de richesse intérieure...
10. La danseuse ne peut plus porter son collant car...
11. Les gens mal élevés...
12. Puisque nous sommes en retard d'une demi-heure...
13. Celui que poursuivait la police...
14. Endetté, incompris, désespéré, le poète...
15. ... quand on n'a rien à dire.
16. Un enfant gâté...
17. ... pour l'embrasser une dernière fois.
18. J'ai très mauvaise mémoire...
19. Fabrice del Dongo, prisonnier dans la tour Farnèse...
20. ... de tous ceux qui se disent libéraux.

EXERCICE C

Ecrivez deux phrases pour chaque donnée. Dans la première, le verbe sera conjugé, dans la deuxième, il restera à la forme infinitive. Toutes les données représentent bien entendu des verbes pronominaux.

EXEMPLE : me comporter

Je me suis très mal comporté hier soir, excusez-moi.
Je ne sais si j'apprendrai jamais à me comporter comme il faut.

1. me rappeler
2. nous réunir
3. vous douter
4. nous détester
5. se rappeler
6. se douter

7. te laisser aller
8. m'asseoir
9. s'asseoir
10. vous asseoir

PHRASES MODÈLES

1. En se plaignant, on se console.

    Alfred de Musset, *Nuit d'Octobre*

    En se ~~~~~~, on se ~~~~~~.

2. L'humanité se bat les flancs pour se persuader à elle-même qu'elle n'est pas mauvaise fille.

    Paul Hervieu, *La Course du Flambeau*

    ~~~~~~ se ~~ les ~~~~ pour se ~~~~~~ à ~~-même que ~~~~~~ ~~~~~~.

3. Les soldats romains se cherchaient dans les ténèbres; ils s'appelaient, ils se demandaient un peu de pain ou d'eau.

    <div align="right">François-René de Chateaubriand, *Les Martyrs*</div>

    Les ~~~~~~ se ~~—aient ~~~~~~; ~ se ~~—aient, ~ se ~~—aient ~~~~~~.

4. Partout de nouveaux hôtels se construisent, des piscines se creusent, des pistes d'aérodromes s'allongent, des lignes de «ferry-boats» se lancent.

    <div align="right">Jacques Brice, dans le *Figaro Littéraire*</div>

    ~~~~~~ se ~~~~~~, ~~~~~~ se ~~~~~~, ~~ ~~~~~~ se ~~~~~~, ~~~~~~ se ~~~~~~.

5 PLUS ET MOINS

PLUS et MOINS s'emploient avec **que** dans les comparaisons.

Une nouvelle est plus longue qu'un conte, mais moins longue qu'un roman.

Aucune langue n'est ni plus ni moins belle qu'une autre.

Il fait plus beau en Floride que dans le Michigan.

PLUS et MOINS s'emploient avec **de** pour indiquer une quantité. Il ne s'agit pas d'une véritable comparaison.

Il y avait plus de cent morts sur le champ de bataille.

Les assurances pour ma voiture coûtent moins de cinq cents francs.

On agit avec plus de hardiesse quand on est jeune.

EXERCICE A

Ecrivez une phrase comparant les données.

EXEMPLE: une banque; un bureau de change

Une banque est plus grande qu'un bureau de change.

1. les diamants; les rubis
2. un Congolais; un Ethiopien
3. un jaguar; un chacal
4. le verre; le marbre
5. une gondole; un canoë
6. un kilo d'or; un kilo de plumes
7. des colombes; des faucons
8. l'algèbre; la trigonométrie
9. un duc; un baron
10. les cigarettes avec ou sans filtre

EXERCICE B

Incorporez la donnée dans une phrase.

EXEMPLE: plus de tact

Si tu avais plus de tact, tu n'aurais plus guère d'ennemis.

*PLUS ET MOINS (II.5) —*Minolta Camera Co. Ltd.*

1. plus de deux cents soldats ennemis
2. plus d'une douzaine d'huîtres
3. moins de vingt dollars
4. plus d'expérience
5. moins de puissance
6. plus d'un homme
7. moins d'une demi-heure
8. plus de mille pages
9. plus de loisir
10. moins de coquetterie

Parfois il est question, dans la comparaison, d'une quantité. Dans ce cas on emploie **de** pour marquer la quantité et **que** pour marquer la comparaison.

Racine a écrit moins de pièces que Corneille.

J'avais mis plus de fromage que d'habitude dans la quiche.

Les jeunes agissent avec moins de prudence que les vieux.

EXERCICE C

Comparez un aspect quantitatif des données.

EXEMPLE : les araignées; les mouches

Les araignées ont plus de pattes que les mouches.

1. un chalet; un château
2. les pivoines; les tulipes
3. une symphonie; un concerto
4. Paris; New York
5. une forêt; un bois
6. un glossaire; un dictionnaire
7. Verdi; Wagner
8. une harpe; une guitare
9. un hexagone; un octogone
10. un tricycle; un vélo

PLUS et MOINS se mettent en tête de deux propositions successives pour marquer entre celles-ci une augmentation ou une diminution proportionnelle.

Hervé a peut-être le ver solitaire : plus il mange, plus il maigrit.

Plus je vois de M. Ixelles, moins je l'aime.

Moins on a vécu, moins on a d'incertitude.

Plus un avare a d'argent, moins il en dépense.

EXERCICE D

Terminez la phrase.

> EXEMPLE : Plus il y a de fleurs dans un jardin...
> *Plus il y a de fleurs dans un jardin, plus il y a de mauvaises herbes.*

1. Plus on lit...
2. Moins je dors...
3. Plus on apprend sur la vie d'un auteur...
4. Plus Christiane se met au soleil...
5. Moins les pauvres gagnent d'argent...
6. Plus j'écoute la musique électronique...
7. Moins on critique les faiblesses des autres...
8. Plus il y a de liberté dans un pays...
9. Plus les enfants regardent la télévision...
10. Plus on fume d'opium...

PLUS et MOINS précédés de **le, la, les** expriment un jugement superlatif. Au lieu de comparer, on signale une personne ou une chose qui se distingue de toutes les autres de sa classe ou de son milieu. Le nom représentant cette classe ou ce milieu est toujours introduit par **de**.

Beaucoup de vieilles femmes estiment le français la plus belle langue de toutes.

La gazelle est la plus gracieuse des bêtes.

Les Espagnols ont la réputation d'être le peuple le moins libéral d'Europe.

Quelle est la plus grande ville du monde?

EXERCICE E

Faites une phrase à partir de la donnée.

> EXEMPLE : le général le plus génial
> *Napoléon était le général le plus génial de son époque.*

1. l'animal le plus féroce
2. la plus haute montagne
3. les œuvres les plus importantes
4. le fleuve le plus large
5. le pays le moins agréable
6. la composition la moins intéressante
7. le quartier le plus sinistre

(II.5) PLUS et MOINS

    8. les joueurs les moins forts
    9. les plus vieux arbres
   10. l'employé le plus compétent

PHRASES MODÈLES

1. L'amour-propre est le plus grand de tous les flatteurs.

   FRANÇOIS DE LA ROCHEFOUCAULD, *Réflexions ou Sentences et maximes morales*

   _____ est le plus _____ de tous _____.

2. Auparavant, l'homme était peut-être l'animal le plus sauvage et le moins redoutable de tous.

   GEORGES-LOUIS LECLERC DE BUFFON, *Histoire naturelle*

   _____ le plus _____ et le moins _____ de tous.

3. Il existe aujourd'hui plus de 200 millions de récepteurs de télévision dans le monde.

   GEORGES SUFFERT, dans l'*Express*

   Il existe aujourd'hui plus de _____.

4. Il y a plus d'outils que d'ouvriers, et de ces derniers plus de mauvais que d'excellents.

   JEAN DE LA BRUYÈRE, *Les Caractères*

   Il y a plus _____ que de _____, et de ces derniers plus de _____ que d'_____.

6 — DE + UN ADJECTIF

Il y a trois cas où DE doit précéder un adjectif : lorsque l'adjectif est pluriel, lorsqu'il qualifie un pronom indéfini, lorsqu'il qualifie le pronom **en**.

Devant un adjectif pluriel. DES s'écrit DE devant un adjectif pluriel. Comparez : des bras—de longs bras ; des oignons—de petits oignons ; des jambes—de jolies jambes. Remarquez que, sauf là où pour des raisons stylistiques l'adjectif n'occupe pas sa place normale, ce ne sera le cas que pour un nombre restreint d'adjectifs communs qu'on trouve toujours ou souvent avant le nom.

Précède toujours	*Précède souvent*
grands	pauvres
petits	chers
beaux	simples
laids	méchants
bons	tristes
mauvais	anciens
longs	nouveaux
brefs	vilains
vieux	étranges
jeunes	vastes
menus	énormes
	hauts
	courts
	braves
	gentils
	forts
	faibles
	larges

Ma mère connait de bonnes recettes, mais elle cuisine très mal.

Pendant tout le voyage Lucy était assise à côté d'un vieux colonel qui lui racontait de vilaines histoires.

Les mages ont parcouru d'énormes distances pour venir adorer l'enfant Jésus.

(II.6) DE + *un adjectif* 77

EXERCICE A

Récrivez les phrases en y ajoutant un adjectif tiré des listes données.

EXEMPLE : Monique a des yeux étincelants.
Monique a de grands yeux étincelants.

1. Roberto ne fréquente que des femmes mariées.
2. Dans le nid nous avons trouvé des oiseaux.
3. Vous aimez ce dessert ? Ce n'est que des poires cuites au vin.
4. Roosevelt avait des idées.
5. En parlant à quelqu'un pour la première fois il faut s'attendre à des périodes de silence.
6. J'ai voulu rendre mon style plus élégant, mais je n'ai fait qu'écrire des phrases ennuyeuses.
7. Il y a des garçons qui ne se couchent jamais avant minuit.
8. Paul ne cesse de faire des observations cyniques sur la vie.
9. Ma tante vient de s'acheter des robes démodées.
10. Benoît dit qu'il a des chevaux à vendre.

L'adjectif qualifie un pronom indéfini. L'adjectif qui qualifie **quelqu'un, quelque chose, personne** et **rien** est introduit par DE. Remarquez que, le pronom étant indéfini, neutre, invariable, l'adjectif l'est aussi.

Raconte-moi quelque chose de drôle, d'absurde ou de scandaleux.

Bien des touristes américains se plaignent de n'avoir rencontré personne de sympathique à Paris.

Il n'y a rien de plus utile que les serviettes en papier.

EXERCICE B

Changez la phrase en remplaçant le nom par un pronom indéfini. N'oubliez pas de faire les changements nécessaires à l'adjectif.

EXEMPLE : J'ai mangé une tarte délicieuse.
J'ai mangé quelque chose de délicieux.

1. Je voudrais connaître un homme célèbre.
2. J'ai lu une annonce intéressante dans le journal de ce matin.
3. Je n'ai jamais vu de film ni de photo pornographiques.
4. Je ne travaille pas avec des collègues gentils.
5. J'ai fait la connaissance d'une femme exquise.
6. Je n'écoute pas les propos indélicats.
7. Je ne lis jamais de revues littéraires.

8. Je ne prends jamais de boissons alcooliques.
9. Je suis toujours convaincu par un orateur éloquent.
10. Je ne connais pas un seul individu absolument honnête.

L'adjectif qualifie le pronom EN. L'adjectif qualifiant EN est introduit par DE.
L'adjectif s'accorde avec le nom remplacé par EN.

La France n'est pas reconnue pour sa bière, mais parfois on y en boit d'excellente.

Charlie déteste les femmes; il en a rencontré de si méchantes.

A la réception on a servi au moins vingt fromages d'Angleterre. J'en ai dégusté de délectables qui m'étaient tout à fait inconnus.

EXERCICE C

Terminez les phrases en qualifiant le pronom **en**. Trouvez vous-même des adjectifs ou choisissez-en de la liste donnée.

EXEMPLE : Elisabeth va nous jouer un morceau; elle en a appris ...

Elisabeth va nous jouer un morceau; elle en a appris de très difficiles et de très longs.

blond	superbe
merveilleux	ennuyeux
autre	meilleur
plus frais	plus intelligent
vert	sensationnel
intéressant	charmant

1. Je voudrais du papier pour mes cartes de Noël. Est-ce que vous en avez ...
2. Notre école ne fourmille pas de belles filles, mais de temps en temps il y en a ...
3. Sextus refuse d'aller voir les films suédois; il en a tant vu ...
4. Ce tableau de Rubens est assez insignifiant, et pourtant il en a peint ...
5. J'ai honte de vous montrer ces poèmes; j'en ai écrit ...
6. Ces pommes sont à demi pourries. N'en avez-vous pas ...
7. Quoi? Tu aimes la musique de Xenakis? Je n'en ai jamais entendu ...
8. Tous les Italiens ne sont pas bruns; on en voit ...
9. Mon père a renvoyé ses deux secrétaires qu'il trouvait trop bêtes, et maintenant il en cherche ...
10. Je connais déjà cet opéra de Rimsky-Korsakov. N'en a-t-il pas écrit ...

(II.6) DE + *un adjectif*

EXERCICE D

Faites une phrase à partir de la donnée en tenant compte des trois cas étudiés.
1. de petits
2. de bons
3. de bonnes
4. de bon
5. de dangereux
6. de dangereuses
7. de très vieux
8. d'anciens
9. de pas trop cher
10. de chères
11. de bleu
12. d'étrange
13. d'étranges
14. de plus fortes
15. de plus fort

PHRASES MODÈLES

1. En annonçant de bonnes nouvelles, on se rend aimable. En en annonçant de mauvaises, on se rend important. Choisissez.

    HENRY DE MONTHERLANT, *Carnets*

    En ~~~~~~ de ~~~~~~~~, on ~~~~~~~~. En en ~~~~~~ de ~~~~~~, on ~~~~~~~~. Choisissez.

2. Les uns veulent des maladies, d'autres la mortalité, d'autres la guerre, d'autres la famine.

    JEAN-JACQUES ROUSSEAU, *Discours sur l'origine et les fondements de l'inégalité parmi les hommes*

    Les uns ~~~~~~~~~~~~, d'autres ~~~~~~~~, d'autres ~~~~~~, d'autres ~~~~~~.

3. Nous ne prétendons rien établir ici de rigoureux.

    VICTOR HUGO, Préface de *Ruy Blas*

    Nous ne ~~~~~~ rien ~~~~~~ de ~~~~~~.

4. Les terres de ce petit royaume n'étaient pas de même nature: il y en avait d'arides et de montagneuses.

    CHARLES DE MONTESQUIEU, *Lettres persanes*

    Les ~~~~ de ~~~~~~~~ n'étaient pas ~~~~~~~~: il y en avait de ~~~~ et de ~~~~~~~~.

1ᵉʳ à l'indice de performance

voici Grand Prix : en moins d'une heure et sans frotter brillant et protection pour*3 mois

Grand Prix? Une crème. Dans une boîte munie d'une éponge applicatrice. Une crème qui se liquéfie au contact de la carrosserie: donc application extrêmement facile et rapide (pas besoin de frotter). Son action? Triple.
— Grand Prix nettoie à fond, et s'applique sur une voiture sale, sans lavage préalable.
— Grand Prix fait briller même les carrosseries anciennes ou oxydées.
— Grand Prix protège contre saleté et corrosion, pour 3 mois. Et le tout en moins d'une heure.

Désormais, ne perdez plus votre temps en lavages répétés et astiquages fastidieux. Tous les 3 mois un coup de Grand Prix, tous les 8 jours un coup de chiffon: c'est tout.
Et Grand Prix s'applique même au soleil. Avec Grand Prix, carrosserie toujours propre, toujours brillante, toujours protégée.

UN PRODUIT **Johnson**

*POUR (II.7) —*Johnson Wax (Belgium) S.A.*

7 POUR

POUR est une préposition à plusieurs sens. Il est suivi d'un nom, d'un pronom ou d'un infinitif. POUR signifie :

à la place de, et représente une substitution ou un échange.

> Ma mère m'accompagne toujours chez le médecin où, à chaque question qu'il me pose, elle répond pour moi. Et j'ai quarante ans passés !
>
> La comtesse d'Agencourt s'est offusquée quand on l'a prise pour une touriste américaine.
>
> Doit-on toujours rendre le bien pour le mal ?

dans la direction de, et indique une destination.

> Les Deckert sont partis pour Venise il y a deux jours.
>
> A quelle heure, monsieur, est-ce qu'on pourra monter dans le train pour Madrid ?
>
> J'avais un billet pour le concert demain soir, mais je ne le retrouve plus.

dans l'opinion de, et représente une optique personnelle.

> Pour moi, je préfère l'imaginaire au réel.
>
> Pour Rousseau, il n'y avait pas de mal dans la nature.
>
> Pour l'homme de génie la vie est souvent trop courte, pour les autres, c'est souvent le contraire.

dans l'intention de, et signifie une action projetée ou nécessaire.

> En 1903 Gertrude Stein a quitté le Maryland pour retourner vivre à l'étranger.
>
> Ce pauvre ouvrier cherche une deuxième situation pour pouvoir subvenir aux besoins de sa famille nombreuse.
>
> On devrait toujours lire à haute voix ce qu'on a écrit pour trouver les erreurs qu'on a faites.

Ce dernier usage est inutile lorsque le premier verbe étant un verbe de mouvement et la phrase assez courte, l'objectif est déjà suffisamment clair.

> Cet homme est venu vous parler.
>
> Le petit est monté se coucher.
>
> Suzanne est allée en ville faire des courses.

EXERCICE A

Ecrivez une phrase en vous servant de la donnée.
1. pour Moscou
2. pour Freud
3. pour réussir
4. pour le match de soccer
5. pour la plupart du monde
6. pour celui qui n'a pas confiance en lui-même
7. pour se distraire
8. pour un pacifiste
9. pour se rapprocher des personnages célèbres
10. pour l'homme sans mœurs

<u>POUR devant un infinitif complète le sens de ASSEZ et de TROP.</u>

Un milliardaire est assez riche pour acheter tout ce qu'il voudra.

Jean-Paul se croit assez intelligent pour comprendre *L'Etre et le Néant*.

En Europe, personne n'est trop jeune pour boire du vin.

EXERCICE B

Changez la phrase en y ajoutant **assez** ou **trop**, puis un complément introduit par **pour**.

EXEMPLE : J'ai de l'argent.

J'ai assez d'argent pour me payer un petit dîner dans un Self Service.

1. Louise a du travail.
2. Les hommes cupides convoitent l'argent.
3. Même un adolescent a vécu.
4. Le soir, mon père est fatigué.
5. Certaines femmes aiment le plaisir.
6. Sam a bu du cognac.
7. Je n'ai pas étudié.
8. La plupart de mes amis sont cyniques.
9. Il ne fait pas beau.
10. Les uns s'analysent, les autres ne se regardent pas de près.

POUR devant une quantité de temps indique une durée qui existe dans l'intention. L'action exprimée par le verbe évoque, d'habitude, l'idée d'arrivée ou de départ.

Mes grands-parents iront à Miami pour quinze jours en février.

(II.7) POUR

Ne t'éloigne pas du quai; le train sera en gare pour quelques minutes à peine.

Quand Frédéric est descendu à Paris, il espérait s'y installer pour au moins dix ans.

Si l'action exprimée par le verbe implique déjà une certaine durée, POUR n'est pas employé.

Mes grands-parents habiteront le reste de leur vie à Miami si le climat leur convient.

Quand Frédéric est descendu à Paris, il espérait y rester au moins dix ans.

EXERCICE C

Ecrivez une phrase avec chaque donnée, en y ajoutant **pour** si cela est nécessaire.

1. vingt minutes
2. quatre mois
3. plusieurs années au moins
4. le reste de notre vie
5. l'année scolaire
6. tout l'été
7. quelques temps encore
8. les vacances de Pâques

Voici quelques expressions utiles :

pour ainsi dire	dans un certain sens
pour de bon	définitivement; sérieusement
gentil / **être bon** / **méchant** } **pour quelqu'un**	traiter quelqu'un avec { gentillesse / bonté / méchanceté
pour ma part	quant à moi
pour le moment	à présent
pour toujours	d'une façon définitive, sans retour

PHRASES MODÈLES

1. L'infidélité conjugale passe pour un sujet de divertissement plus ou moins comique.

   ALAIN DE PENANSTER, dans l'*Express*

   ~~~~~~~~~~~ passe pour ~~~~~~~~~~~~~~~~~~~~~~
   ~~~~~~~.

2. Un accord planétaire entre les deux surpuissances n'est pas suffisant pour écarter tous les risques d'un conflit thermo-nucléaire.

         Jacques Jacquet-Francillon, dans le *Figaro*

Un ~~~~~~~~~~~~~~~~~~~~~~~~~~~~~~~~~~~~ n'est pas suffisant pour ~~~~~~~~~~~~~~~~~~~~~~~~~~~~~~~~~~~~.

3. Pour répondre à l'exigence normale du lecteur ou du téléspectateur, il faut disposer de moyens financiers importants.

         Georges Suffert, dans l'*Express*

Pour ~~~~~~, il faut ~~~~~~~~~~~~~~~~~~~~~~~~~~~~~.

4. La guerre! c'est une chose trop grave pour la confier aux militaires.

         Georges Clemenceau

~~~~~~~! c'est une chose trop ~~~~~ pour ~~~~~~~~~~~~~~~~~~~~~~~~~.

18 LE SUBJONCTIF (3) : VOLONTÉ

Une expression ou un verbe de désir ou de consentement + QUE appelle automatiquement le subjonctif. (Il en est de même pour la forme négative.)

Il est désirable
Il est souhaitable } que les jeunes filles fréquentent les garçons.
Il est permis

Il est préférable } que les enfants se couchent de bonne heure.
Il vaut mieux

Je veux
Je désire
J'aimerais } que vous vous amusiez bien.
Je souhaite

Je tiens à ce qu'on m'obéisse.

J'aime
Je préfere
J'aime mieux } que mes amis soient plus agés que moi.
Je déteste
Je ne supporte pas

Je permets
Je consens
J'approuve } que les enfants fassent tout ce qu'ils veulent.
J'accepte

Je suis d'accord
J'avoue } qu'un pessimiste ait quelquefois raison de voir tout en noir.
Je conviens
Je comprends

J'espère, expression de confiance plutôt que de désir, est suivi de l'indicatif, la plupart du temps, d'un futur.

J'espère que ce mariage durera quelques années au moins.
Gautier espérait que son manuscrit serait accepté.

Mais la forme négative appelle le subjonctif.

Il est très tard ; je n'espère plus que Lucille vienne.

Les expressions impersonnelles sont suivies de DE + un infinitif pour exprimer une généralité. (Une exception : **il vaut mieux** précède directement son infinitif.)

Il est désirable de vivre dans un endroit paisible.

Il vaut mieux se taire quand on n'a rien à dire.

Les expressions de désir et de préférence personnelles, (**je veux, je désire, je souhaite, j'aimerais, je tiens à, je préfère, j'aime mieux, je déteste**) sont suivies directement d'un infinitif si la même personne fait toutes les actions dans la phrase.

Je veux être libre; en fait je tiens à l'être quoi qu'il arrive.

Un ronchon aime mieux se plaindre que de chercher une solution à ses difficultés.

Il en va de même pour **j'espère, je consens** (à + infinitif) et **j'accepte** (**de** + infinitif).

Les Israélites espéraient, Dieu aidant, gagner la bataille.

Je consens trop souvent à aider les étudiants ingrats.

Les Capulet n'ont pas accepté de venir puisque nous avions aussi invité les Montague.

Deux constructions sont possibles pour **je permets**.

Je permets que mon fils rentre après 2 heures du matin.

Je permets à mon fils de rentrer après 2 heures du matin.

EXERCICE A

Complétez la phrase en ajoutant une expression de désir ou de consentement. Attention au mode du verbe.

EXEMPLE : ... que tu fasses ton lit avant de quitter ta chambre.

Il vaut mieux que tu fasses ton lit avant de quitter ta chambre.

1. ... se marier avec Rock.
2. ... que ses parents la laissent sortir pendant la semaine.
3. ... que tu saches de quoi tu parles.
4. ... de fumer dans ce wagon.
5. ... avoir le respect de mes proches.
6. ... à leurs enfants de boire du vin.
7. ... que tout le monde sera content de notre décision.
8. ... que la beauté reprenne sa place légitime parmi les valeurs humaines.
9. «Si... danser avec vous? Non, merci, ... rester assise.»
10. ... que la guerre soit un malheur. Mais un malheur inévitable?

(II.8) *Le subjontif (3): Volonté* 87

EXERCICE B

Remplacez l'infinitif par une proposition, en ajoutant un sujet de votre choix.

EXEMPLE : Mes parents veulent voyager en Asie cet été.
Mes parents veulent que je voyage en Asie cet été.

1. Fernande souhaite gagner à la loterie.
2. J'aimerais lire en entier *A la recherche du temps perdu*.
3. Désirez-vous vous servir vous-même ?
4. Rhonda ne veut pas se marier.
5. Les solistes voudraient répéter plus longtemps ce morceau.
6. Nous espérons ne pas arriver en retard.
7. Il vaudrait mieux ne pas fumer du tout.
8. Les Ponti tiennent à s'amuser la veille du Jour de l'An.
9. Ma rivale n'espère pas avoir le prix du concours.
10. Il n'est pas désirable de manger sans appétit.

EXERCICE C

Terminez la phrase.

EXEMPLE : La police permet...
La police permet qu'un étranger reste un certain temps dans notre pays sans l'obtention d'un visa.

1. J'approuve que...
2. Il vaudrait mieux que...
3. Il vaudrait mieux...
4. Cet homme obstiné n'acceptera jamais que...
5. Emilienne aime mieux...
6. Préférez-vous que...
7. Les voisins veulent que...
8. Les voisins veulent...
9. La mère de Jeannot ne lui permettra pas...
10. Au dix-septième siècle un condamné à mort n'espérait guère que...
11. Les voisins n'ont pas voulu...
12. Mon meilleur ami espère...
13. Les chiens désirent toujours...
14. Je consens que...
15. Il est préférable de...

PHRASES MODÈLES

1. Je n'aime pas qu'on vende un individu comme un produit.
   Claire Gallois, citée dans le *Monde*

   Je n'aime pas que ~~~~~~~~~~~~~~~~~~~~~~~~~~.

2. Telle est la loi de l'univers : si tu veux qu'on t'épargne, épargne aussi les autres.
   Jean de la Fontaine, *Fables*

   Telle est la loi de ~~~~~~ : si tu veux que~~~~~~~~, ~~~~~~~~~~~~ ~~~~~~.

3. Je ne comprends pas qu'une main pure puisse toucher au journal sans une convulsion de dégoût.
   Charles Baudelaire, *Journaux intimes*

   Je ne comprends pas que ~~~~~~~~~~~~~~~~~~~~~~~~~~~~~~~~ ~~~~~~~~~~~~~~~~~~.

4. Le véritable égoïste accepte même que les autres soient heureux, s'ils le sont à cause de lui.
   Jules Renard, *Journal*

   ~~~~~~~~~~~~~~~~ accepte ~~~~~ que ~~~~~~~~~~~~~~~~~~~~~~, si ~~~~ ~~~~~~~~~~~~~~~~.

19 LE SUBJONCTIF (4) : SENTIMENT

Une expression d'émotion ou d'opinion personnelle + QUE amène automatiquement le subjonctif. (Il en est de même pour la forme négative.)

Il est bon que quelqu'un de gros fasse régulièrement de l'exercice.

Il est sensationnel
Il est merveilleux } que tu aies hérité de cette grosse fortune.
Il est épatant

Il est naturel
Il est juste
Il est raisonnable } que le mari soit le maître.
Il est normal

Il est acceptable
Il est légitime } que vous dénonciez les étudiants malhonnêtes.
Il est louable

Il est regrettable
Il est choquant
Il est incroyable
Il est inouï
Il est affreux
Il est inexcusable } qu'un homme si véreux occupe une position d'autorité.
Il est impardonnable
Il est scandaleux
Il est horrible
Il est monstrueux
Il est honteux

Il est bizarre
Il est curieux
Il est étrange
Il est paradoxal
Il est ridicule
Il est absurde } qu'on vous ait puni pour avoir dit la vérité.
Il est insensé
Il est étonnant
Il est surprenant
Il est remarquable
Il est extraordinaire

Il est vexant
Il est agaçant
Il est horripilant
Il est ennuyeux
Il est embêtant
} que ton père se mette toujours à écouter ses disques d'opéra quand tu voudrais faire tes devoirs.

Il est effrayant
Il est épouvantable
} que la diseuse de bonne aventure ait refusé de tirer vos cartes.

Il est amusant
Il est plaisant
Il est comique
Il est drôle
} que le président de cette grande compagnie de tabac ne fume pas.

Il est triste
C'est dommage
} que tu ne fasses que rougir au soleil.

Je trouve bon qu'un touriste ne visite que quelques pays en un seul été.

Je suis content
Je suis heureux
Je suis ravi
Je suis enchanté
} que vous me trouviez adorable.

Je regrette
Je suis désolé
Je suis triste
} qu'on n'ait plus le temps de se revoir.

Je m'étonne que tu n'aies jamais appris à faire un bon feu de bois.

J'ai peur
Je crains
} que la diseuse de bonne aventure n'ait que de mauvaises prédictions à faire sur mon avenir.

Comme toujours, on fait suivre les expressions impersonnelles de DE + un infinitif pour indiquer un fait général.

Il est regrettable de devoir passer toute la vie à travailler.

Il est bizarre de rencontrer quelqu'un qui ne s'intéresse pas aux autres.

Les expressions personnelles se construisent avec DE + un infinitif quand la même personne fait toutes les actions dans la phrase.

Je suis content de pouvoir vous aider.

Je regrette de ne pas t'avoir écrit depuis si longtemps.

(II.9) *Le subjonctif (4): Sentiment*

EXERCICE A

Donnez à l'affirmation une tournure subjective en y ajoutant une expression de sentiment personnel.

EXEMPLE : Il n'y a plus rien à faire pour vous.
Je regrette qu'il n'y ait plus rien à faire pour vous.

1. Tu ne peux pas venir chez nous en ce moment.
2. Tu ne pourras pas venir chez nous vendredi soir.
3. On ne met pas fin à la guerre et au concept même de la guerre.
4. Les vampires humains ont pu exister.
5. Un bon ami devient parfois un inconnu inapprochable.
6. Les plus grands hommes sont souvent les plus humbles.
7. Dorothy Jean n'a pas son doctorat.
8. Un enfant apprend à jouer un rôle qui ne lui convient pas à cause des espérances impossibles de ses parents.
9. Il y a deux cents ans certaines infractions qu'on considère aujourd'hui comme légères ont été punies de mort.
10. Celui qui ment habituellement ne croit pas facilement ce qu'on lui dit.

EXERCICE B

Composez une proposition subordonnée propre à compléter les trois expressions de chaque groupe.

EXEMPLE : Il est regrettable
Il est absurde } *qu'un pacifiste soit obligé de porter des armes.*
Il est scandaleux

1. Il est affreux
   Il est inouï
   Il est monstrueux
2. Je ne suis pas content
   Je regrette
   Je crains
3. Il est vexant
   Il est étonnant
   Il est impardonnable
4. Il est naturel
   Il est bon
   Il n'est pas remarquable

5. Il est comique
   Il est paradoxal
   Il est surprenant

EXERCICE C

Complétez la phrase.

EXEMPLE :   Il est insensé...

> *Il est insensé que Bobby n'ait rien trouvé à faire la nuit pendant son séjour à Rome.*

1. Il est curieux de...
2. Je trouve bon de...
3. Je trouve bon que...
4. ... vouloir éviter tout contact humain.
5. Il n'est guère louable de...
6. Franco est désolé de...
7. Franco est désolé que...
8. ... Al ait trop bu pour pouvoir se reconduire.
9. ... Judy soit tombée de cheval; elle s'y connaît tellement bien!
10. Il est merveilleux que...
11. Mes parents ont été ravis de...
12. Mes parents ont été ravis que...
13. Mes parents sont ravis que...
14. Mes parents seraient ravis que...
15. Les grévistes disent avoir peur que...

PHRASES MODÈLES

1. En amour, il n'y a que les commencements qui soient charmants. Je ne m'étonne pas qu'on trouve du plaisir à recommencer souvent.

   PRINCE CHARLES DE LIGNE, *Mes Ecarts*

   En ~~~~~, il n'y a que ~~~~~~~~~~ qui ~~~~~~~~~~~. Je ne m'étonne pas que ~~~~~~~~~~~~~~~~~~~~.

2. Les textes saints se sont trompés: il est bon—il est même excellent—que l'homme soit seul, mais il n'est pas assez sage pour chercher son vrai bonheur.

   EDMOND JALOUX, *La Grenade mordue*

   Les ~~~~~~~ se sont trompés: il est ~~~—il est même ~~~~~—que ~~~~~~~~~~~~~~~~~~~~~, ~~~~~~~~~~~~~~~~~~~~~~~~~~ ~~~~~.

(II.9) Le subjonctif (4): Sentiment

3. N'est-il pas honteux que les fanatiques aient du zèle et que les sages n'en aient pas?

   VOLTAIRE, *Pensées détachées de M. l'Abbé de St. Pierre*

   N'est-il pas ~~~~~~ que ~~~~~~~~~~~~~~~~~~~~ et que ~~~~~~~~~ ~~~~~~~~?

4. Il serait légitime que l'on éduque les populations les plus défavorisées. Il est intolérable qu'on les oblige malgré elles—et de façon définitive—à ne plus avoir d'enfants.

   CLAUDE MAURIAC, dans le *Figaro Littéraire*

   Il serait ~~~~~~ que ~~~~~~~~~~~~~~~~~~~~~~~~~~~~~~~~~~~~~~.
   Il est ~~~~~~ que ~~~~~~
   ~~~~~~~~~~~~~~~~~~~~~~~~~.

chocolats Verkade... meilleurs que les tout bons[*]!

hazelnoot melk blok

HAZELNOOT MELK

Goûtez-en un morceau. Le plaisir commence. Onctueux, riche, le chocolat Verkade fond dans la bouche. Il est de qualité. Car seuls les ingrédients les plus fins sont assez fins pour Verkade. Garanti que vous goûterez la différence!

Pour les détaillants exclusivement :
chaussée de Haecht 595,
1030 Bruxelles. Tél. 02/15.18.65 et 15.18.66

*LA TOTALITÉ (II.10) —Ets Verkade, S.A.

10 LA TOTALITÉ

TOUT, CHAQUE, CHACUN et LE expriment la totalité.

TOUT comme adjectif ou pronom prend les formes TOUT, TOUTE, TOUS, TOUTES.

Adjectif

> J'ai préparé moi-même tout le repas.
> Dans ce film, toutes les actrices jouent mal.
> Tous les jugements de Patrice sont irréfléchis.

Pronom

> Tout semble triste quand on est déprimé.
> Rendez-moi mes romans quand vous les aurez tous lus.
> Nathalie s'est mis vingt pilules dans la bouche et les a toutes avalées.

NB: En parlant, on prononce le *s* de TOUS, pronom.

CHAQUE est un adjectif invariable qui signale tous les éléments individuels d'une collectivité.

> J'ai préparé moi-même chaque plat de ce repas.
> Dans ce film, chaque actrice joue aussi mal que les autres.
> Chaque jugement que fait Patrice est irréfléchi.

CHACUN (CHACUNE) est un pronom.

> Chaque siècle ressemble à chaque autre. Chacun a ses guerres, ses révolutions et ses héros.
> Ces chemises se vendent trente francs chacune.
> De nos jours, tout un chacun (*every Tom, Dick, and Harry*) porte les favoris.

EXERCICE A

Employez **tout** pour exprimer aussi brièvement que possible les idées suivantes.

> EXEMPLE : Le pianiste a mal joué chaque mouvement de la sonate.
> *Le pianiste a mal joué toute la sonate.*

TOUT*

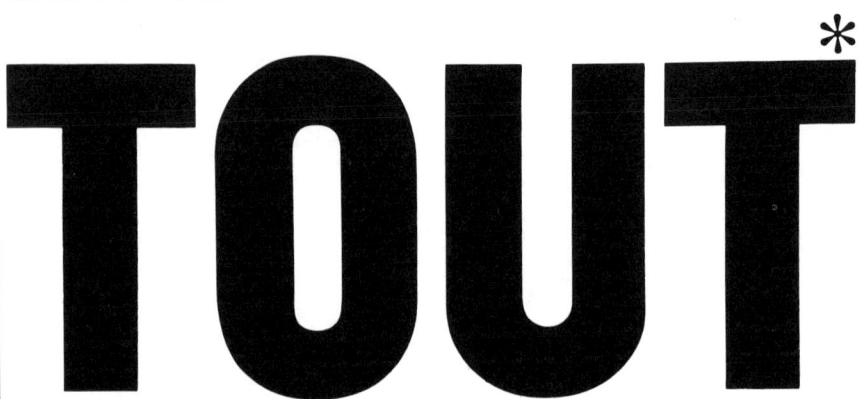

(un moment studieux
les sciences nat. ou la philo,
la guitare, les clairs de lune,
nous deux, les pommes chips et
les olives noires. Astérix et les
gauloises bleues... et tout
ce que vous aimez)

VA BIEN MIEUX AVEC COCA-COLA

Mis en bouteilles et distribué par les Concessionnaires de Coca-Cola et de Fanta

*LA TOTALITÉ (II.10) —The Coca Cola Company

(II.10) *La totalité* 97

1. J'ai lu chaque phrase de ce texte endormant.
2. Dans cette école chaque maître est antipathique, pour ne pas dire sadique.
3. L'accusé désavouait obstinément chacun des délits qu'il avait en effet commis.
4. Cette tarte était si bonne que j'en ai mangé chaque miette.
5. Il n'y a pas de somnifère qui ne soit pas dangereux.
6. Certaines recettes du Larousse gastronomique sont mauvaises.

Employez **chaque/chacun** pour exprimer les idées suivantes.

7. Tous les moments que je passe avec toi sont inoubliables.
8. Toutes les femmes du sultan ont dû se plier à sa volonté.
9. Mais la vie de toutes était facile et langoureuse.
10. Il y a beaucoup de dictons français, mais tous n'ont pas leur équivalent anglais.
11. Kathy descend à Bridget's Bed & Breakfast toutes les fois qu'elle va à Londres.
12. Toutes les épouses de Barbe-Bleue croyaient faire un parti favorable.

TOUT est souvent employé à la place de CHAQUE lorsqu'il s'agit d'une affirmation générale. Le sens se rapproche de *n'importe quel*.

Tout outil peut servir d'arme.

Tout enfant apprend vite à mener par le bout du nez les grandes personnes.

Toute angoisse nous donne l'illusion de vivre pleinement.

EXERCICE B

Ecrivez une affirmation générale au sujet de la donnée.

EXEMPLE: Tout pouvoir humain
Tout pouvoir humain est faillible.

1. Tout dogme
2. Toute guerre
3. Toute femme passé l'âge de quarante ans
4. Toute habitude, bonne ou mauvaise
5. Tout habitant d'un pays démocratique
6. Toute démarche ayant pour but de faciliter la communication
7. Tout aveu fait à un ami
8. Tout mouvement tendre ou affectueux

TOUT comme adverbe reste invariable et signifie *entièrement, complètement*.

    Alain était tout étonné de savoir qu'il avait gagné à la loterie nationale.

    Les ascètes préfèrent rester tout seuls.

Exception: Devant un adjectif féminin commençant par une consonne ou un *h* aspiré, on fait l'accord.

    Marie est **toute** contente d'être mère.

    Pourquoi ces prostituées seraient-elles **toutes** honteuses d'avoir péché?

Mais:

    Marie est **tout** heureuse.

    Ces prostituées sont **tout** endurcies.

NB: Remarquez la différence entre
TOUT, adverbe:

    Ces fruits sont tout pourris.
        (= Ces fruits sont complètement pourris.)

et TOUT, pronom:

    Ces fruits sont tous pourris.
        (= Chacun de ces fruits est pourri.)

LE TOUT est un nom (pluriel, LES TOUTS) qui signifie *la totalité*.

    Le tout est égal à la somme de ses parties.

    Ce roman ressemble à un recueil de contes; ses divers épisodes ne forment pas un tout.

EXERCICE C

Employez **tout**—adverbe, pronom ou nom—pour exprimer les idées suivantes. Indiquez l'usage de **tout**.

    EXEMPLE: Quand j'ai demandé sa main en mariage, Rosa m'a regardé, complètement ébahie.

        Quand j'ai demandé sa main en mariage, Rosa m'a regardé, tout ébahie. (adverbe)

1. Victor voudrait se débarrasser de sa femme, mais il l'aime encore. Il est complètement perplexe.
2. Patricia a été complètement confuse des bontés de son mari.
3. Chacune de ces collégiennes est indécise.

(II.10) *La totalité*

4. Ces collégiennes sont entièrement indécises.
5. Je ne veux pas seulement une partie de votre argent: donnez-le moi en entier.
6. La mer était tout à fait calme, la plage tout à fait déserte, et mon âme tout à fait paisible.
7. Les bergers allemands de M. Mondo sont parfaitement affectueux et doux.
8. Les bergers allemands de M. Mondo sont, sans exception, affectueux et doux.
9. Un bon décorateur veillera à ce que chaque pièce qu'il meuble constitue un ensemble complet et harmonieux.
10. Un souffleur, c'est celui qui, au théâtre, chuchote aussi bas que possible les paroles qu'oublient les acteurs.

LE peut s'employer avec la force de TOUT ou de CHAQUE dans deux cas:
— en parlant d'un événement qui se produit à intervalles réguliers.

Je me baigne le samedi soir.
    (= chaque samedi soir)
On n'étudie guère le week-end.
    (= chaque week-end)

— en faisant une observation général ou universel.

L'amour est une catastrophe que personne ne fuit.
    (= l'amour dans son entier)
Les hommes sont des brutes parce que l'homme est méchant.
    (= tous les hommes)

EXERCICE D

Complétez les phrases.
1. Le mardi...
2. Le matin...
3. L'obscénité...
4. ...la nuit.
5. ...la fiction.
6. La bonté...
7. ...la cocaïne.
8. Le vendredi soir...
9. Le dimanche après-midi...
10. Les végétariens...

PHRASES MODÈLES

1. Etre le premier amant d'une femme ne signifie rien; il faut être son dernier amant; tout est là.

    MAURICE DONNAY, *Pensées*

    ~~~~~~~~~~~~~~~~~~~~~~~~~~~~~~~~~~~; ~~~~~~~~~~~
    ~~~~~; tout est là.

2. Une grande révolution démocratique s'opère parmi nous; tous la voient, mais tous ne la jugent point de la même manière.

    ALEXIS DE TOCQUEVILLE, *De la Démocratie en Amérique*

    ~~~~~~~~~~~~~~~~~~~~~~~~~~~~~~~~~~~; tous ~~~~~
    mais tous ~~~~~~~~~~~~~~~~~~~~~~~~.

3. Tout régime a ses privilégiés.

    ALFRED FABRE-LUCE, dans le *Monde*

    Tout ~~~~~ ses ~~~~~.

4. *Ivanov* est une œuvre imparfaite, mais originale et toute foisonnante des promesses du génie prochain de Tchekhov.

    JEAN-JACQUES GAUTIER, dans le *Figaro*

    ~~~~~ est une œuvre ~~~~~~, mais ~~~~~ et toute ~~~~~~
    ~~~~~~~~~~~~~~~~~~~~~~~~~~~~.

III troisième partie

III 1 QUE À L'INTÉRIEUR DE LA PHRASE

<u>QUE est la conjonction la plus commune.</u> Elle s'emploie après tous les verbes qui admettent une affirmation dans la proposition subordonnée.

>J'ai entendu dire que Venise est une belle ville.
>Pierre veut que nous soyons chez lui à huit heures.
>Je ne suis pas content que mon livre vous ait déplu.
>Combien de temps faut-il pour apprendre que la vie est maya?

EXERCICE A

Reliez les deux propositions au moyen de **que**, pour en faire une seule phrase.

>EXEMPLE: Le dictionnaire nous dit: un boy est un domestique indigène aux colonies.
>
>*Le dictionnaire nous dit qu'un boy est un domestique indigène aux colonies.*

1. Un petit enfant apprend très vite ceci: il est parfois utile de mentir.
2. La vie ne vaudrait rien sans la mort, tout le monde sait cela.
3. Le mal peut être plus fort que le bien, l'histoire nous l'enseigne.
4. Mais l'inverse peut être vrai, elle nous le prouve aussi.
5. Les insecticides contaminent notre nourriture; nous commençons enfin à le constater.

Même exercice. Attention à tous les changements nécessaires.

6. Howard fera des recherches à l'étranger pour son doctorat, il le faut.
7. Josette a dit, «Je veux mourir jeune.»
8. La duchesse se pliera aux demandes atroces du roi; celui-ci le veut.
9. Les vacances ont commencé, j'en suis content.
10. Madame de Staël n'a cessé d'affirmer ceci: «Un jour la valeur de la littérature allemande sera reconnue en France.»

<u>QUE est un corrélatif qui unit les deux parties d'une comparaison.</u>

>Nagg est plus agé que Nell.
>Jeanne est aussi étourdie que stupide.
>Vous savez mieux parler qu'écrire.

Ma blessure est moins que rien.
Un homme tel que lui ne mérite pas de clémence.

EXERCICE B

Faites des phrases en comparant les données suivantes.

EXEMPLE :   une VW ; une Porsche
Une Porsche roule plus vite qu'une VW.

1. Jeanne Moreau ; Catherine Deneuve
2. bête ; méchant
3. danser ; chanter
4. une pensée neuve et originale ; toutes les idées traditionnelles
5. le printemps ; l'automne
6. l'esprit ; le corps
7. créer ; détruire
8. la peinture ; la sculpture
9. les Européens ; les Américains
10. baroque ; romantique

EXERCICE C

Faites deux phrases sur chacun des modèles suivants.

1. Un étudiant tel que moi réussit toujours.
   ~~~~~~ tel que ~~~~~~.

2. Une mentalité telle que la vôtre est insupportable.
   ~~~~~~ telle que ~~~~~~.

3. J'aurais pu parler de mes méfaits à tout autre que mon père.
   ~~~~~~~~~~~~ tout autre que ~~~~~~.

4. N'avez-vous pas d'autres savons que ceux-ci ?
   ~~~~~~ d'autres ~~~~ que ~~~~ ?

5. Il y a de meilleurs romans que celui que tu lis à présent.
   ~~~ de meilleurs ~~~~ que ~~~~~~~.

QUE s'emploie pour éviter la répétition d'une conjonction composée déjà d'un **que** (parce que, depuis que, etc.) et de **lorsque, quand, comme, puisque** et **si**.

(III.1) QUE à l'intérieur de la phrase

Appelle Gérald afin qu'il s'approche et qu'il voie les fruits de son péché.

Quand il pleuvait et qu'il faisait du vent, la grand-mère de Proust aimait se promener dans le jardin.

Comme il était 9h30 et que Samuel n'était pas encore venu, nous nous sommes mis à dîner sans lui.

Le mode du verbe qui suit QUE est celui qu'appelle la conjonction principale.
Exception: Le QUE qui remplace SI appelle le subjonctif.

Si votre pensée est juste et que personne ne veuille vous écouter, vous avez raison de vous vexer.

EXERCICE D

Faites des phrases comprenant deux propositions subordonnées, en utilisant les conjonctions suivantes. (Les conjonctions marquées d'un astérisque sont suivies du subjonctif.)

1. Maintenant que
2. Puisque
3. Supposé que*
4. Si
5. Pour que*
6. Quand
7. Depuis que
8. Comme
9. Tandis que
10. Pourvu que*

PHRASES MODÈLES

1. La campagne anti-tabac agit: on estime que plus de 13 millions de citoyens américains ont cessé de fumer depuis 1966.
   Rosie Maurel, dans l'*Express*

   ~~~~~~~~~~~~~~~~~~~~~ : on estime que ~~~~~~~~~~~~~~~~~~~~~
   ~~~~~~~~~~~~~~~~~~~~~ .

2. La compétence sans autorité est aussi impuissante que l'autorité sans compétence.
   Gustave Le Bon, *Hier et Demain*

   ~~~~~~~~~~ sans ~~~~~~~ est aussi ~~~~~~~~~ que ~~~~~~~~ sans
   ~~~~~~~~~ .

3. Si vous reculez quatre pas et que vous creusiez, vous trouverez un trésor.
   Jean de la Fontaine, *Vie d'Esope*

   Si vous ～～～～～ et que ～～～～～, vous ～～～～～.

4. Lorsque les forêts se taisent par degrés, que pas une feuille, pas une mousse ne soupire, que la lune est dans le ciel, que l'oreille de l'homme est attentive, le premier chantre de la création entonne ses hymnes à l'éternel.
   François-René de Chateaubriand, *Le Génie du Christianisme*

   Lorsque ～～～～～, que pas ～～～～～, pas ～～～～～ ne ～～～, que ～～～～～, que ～～～～～～～～, ～～～～～～～～～～～～～～～.

III 2 CELUI

CELUI est un pronom démonstratif à quatre formes: CELUI, CEUX, CELLE, CELLES.

On emploie CELUI pour éviter la répétition d'un substantif qualifié par une proposition ou par **de** + un nom. Remarquez donc que CELUI est toujours suivi de la préposition **de** ou d'une proposition.

Les universités du Mexique et celles d'Espagne ne diffèrent que légèrement dans leur organisation.

Les films qu'on présente en France sont moins osés que ceux qu'on présente aux USA.

L'hôtel où nous sommes descendus à Acapulco n'est pas celui dans lequel nous avions fait des réservations.

EXERCICE A

Ecrivez deux phrases pour chacune des quatre formes de **celui**. Qualifiez chaque forme d'abord par **de** + un nom, ensuite par une proposition.

CELUI employé sans antécédent désigne des personnes indéfinies.

Celui qui se connaît ne mérite pas forcément d'être connu.

On appelle hypocrites ceux qui font semblant d'être vertueux.

Celui dont il faut vous méfier, c'est celui qui croit avoir besoin de vous.

EXERCICE B

Faites une phrase pour chaque donnée.
1. celui qui
2. celui à qui
3. celui pour qui
4. ceux en qui
5. celui dont
6. ceux que
7. ceux à qui
8. celui avec qui

Message de Schweppes à ceux* qui l'aiment

Schweppes est exigeant, il exige sa bouteille. Il ne veut s'accommoder, ni de la "barrique", ni de la pression. Supprimez-lui sa bouteille et vous ne reconnaîtrez plus le Schweppes que vous aimez.

La saveur si particulière de l'"Indian Tonic" s'envolerait avec son secret, car son arôme est très volatil.

Schweppes exige sa bouteille, comme le champagne a besoin de la sienne, et nous ne nous permettrions pas de vous le présenter autrement.

Si vous aimez Schweppes, le véritable "Indian Tonic" vous aussi montrez-vous donc exigeant. En demandant qu'il vous soit servi avec sa bouteille, vous serez assuré de son authenticité.

Le secret de Schweppes est dans sa bouteille.

*CELUI (III.2) —Schweppes (France) Ltd.

Dans une phrase complexe, on emploie CELUI-CI ou CELUI-LÀ pour se référer à un substantif déjà mentionnée.

> Les chiens et les chats sont bien différents de caractère: ceux-ci s'attachent à la maison, ceux-là à leurs maîtres.
>
> La justice comme l'amour est aveugle, mais souvent celle-là
> (= la justice) est plus stable.

Si le sujet ne change pas dans la deuxième proposition, un simple pronom remplace généralement le sujet.

> La justice comme l'amour est aveugle, mais souvent elle
> (= la justice) est plus stable.

Au contraire, s'il y a un changement de sujet dans la deuxième proposition, on est obligé d'employer un pronom démonstratif, en -CI ou en -LÀ, pour éviter la confusion.

> La justice comme l'amour est aveugle, mais souvent celui-ci
> (= l'amour) est plus stable.

EXERCICE C

Ecrivez deux phrases à deux propositions pour chaque donnée. Dans la première le sujet restera le même; dans la deuxième le complément deviendra sujet.

EXEMPLE: le vin; la bière

> *A mon avis, le vin est meilleur que la bière, mais il coûte plus cher.*
>
> *A mon avis, le vin est meilleur que la bière, mais celle-ci coûte moins cher.*

1. les cigarettes; le whisky
2. les tigres; les éléphants
3. la vanille; le chocolat
4. les Catholiques; les Protestants
5. une Cadillac; une Volkswagen
6. le bon Dieu; le diable
7. la jeunesse; la vieillesse
8. l'avarice; le vol

PHRASES MODÈLES

1. Les affections légitimes, celles que Dieu a bénies et voulues, elles ne sont rien sans Lui.
    LOUIS VEUILLOT, *Historiettes et Fantaisies*

    Les ~~~~~~~~~~~~~, celles que ~~~~~~~~~~~~~~~~~~~~~, elles ~~~~~
    ~~~~~~~~~~.

2. La vie du présent tisse celle de l'avenir.
>   GUSTAVE LE BON, *Hier et Demain*

   La ~~~ du ~~~~~~~~ celle de ~~~~~~.

3. Celui qui mange dans l'oisiveté ce qu'il n'a pas gagné lui-même, le vole.
>   JEAN-JACQUES ROUSSEAU, *Emile*

   Celui qui ~~~~~~~~~~~~~~~~ ce qu'il ~~~~~~~~~~~~~~~~~~~~, ~~~~~.

4. L'égoïste est celui qui n'emploie pas toutes les minutes de sa vie à assurer le bonheur de tous les autres égoïstes.
>   LUCIEN GUITRY

   ~~~~~~~~~ est celui qui ~~~~~~~~~~~~~~~~~~~~~~~~~~~~~~~
   ~~~~~~~~~~~~~~~~~~~~~~~~~~~~~.

III 9) LE CONDITIONNEL ET LE FUTUR-DANS-LE PASSÉ

Le conditionnel et le futur-dans-le-passé ont exactement les mêmes formes. Ils se distinguent très nettement pourtant, par leurs usages.

LE CONDITIONNEL est le temps de la conjecture. Son emploi s'accompagne toujours de l'idée (sous-entendue d'habitude) de *pourvu que,* de *si telle chose était vraie ou possible.* Cette force conjecturale se prête à l'expression de :

—prédictions vagues. Il s'agit de quelque chose qu'on ferait certainement si l'occasion se présentait.

> Je crois que toute guerre est monstrueuse, et je le dirais même à un général.
> (sous-entendu : si j'avais l'occasion de le dire.)
>
> Henriette irait volontiers au bal que donne l'ambassade hongroise.
> (sous-entendu : si elle y était invitée.)

—demandes polies. Il s'agit d'un désir qu'on exprime, pour ne pas avoir l'air trop brusque, avec un sous-entendu de *si cela était possible, si cela ne dérangeait pas.*

> Pourriez-vous me dire l'heure qu'il est, s'il vous plaît ?
> (sous-entendu : si vous vouliez avoir cette gentillesse.)
>
> Je voudrais vous aider à mettre la table.
> (sous-entendu : si vous me le permettiez.)

—jugements réservés. Il s'agit d'une opinion avec laquelle on n'est pas forcément d'accord.

> Selon certains, Rabelais serait le premier romancier français.
> (sous-entendu : je serais d'accord si je croyais que *Pantagruel* était le premier roman français véritable.)
>
> A en croire les astrologues, il serait parfois possible de prédire l'heure de notre mort.
> (sous-entendu : je le croirais peut-être si j'en avais des preuves.)

—hypothèses. Il s'agit d'une supposition contraire à l'état réel des choses. L'idée de *si telle chose etait vraie* est exprimée ouvertement dans la phrase.

> S'il ne pleuvait pas, on pourrait faire une promenade à cheval.
> (mais : il pleut.)
>
> Si Marguerite ne parlait pas tout le temps, on l'écouterait plus souvent.
> (mais : elle parle tout le temps.)

EXERCICE A

Terminez la phrase par une prédiction vague.

> EXEMPLE : Il serait ridicule de dire que tu as eu un pneu crevé...
>
> *Il serait ridicule de dire que tu as eu un pneu crevé, on ne te croirait pas.*

1. Tu pourrais ouvrir ton cœur à Nanot, ...
2. Encore du dessert? Merci, mais ...
3. Il ne serait pas dangereux de parler de nos projets devant ces deux étrangers, ...
4. Ne retourne pas sur la scène de ton crime, ...
5. Quand tu raconterais même les plus grossières plaisanteries à Ethel, ...

EXERCICE B

Modifiez l'affirmation pour en faire un jugement réservé.

> EXEMPLE : Hitler est toujours en vie au Brésil.
>
> *Selon certains historiens, Hitler serait toujours en vie au Brésil.*

1. Les animaux pressentent les orages et les tremblements de terre.
2. Le socialisme est un mode de vie irréalisable.
3. Les pattes de coq portent bonheur.
4. Il n'y a pas plus grand architecte que Le Corbusier.
5. Le soleil se déplace de quelques kilomètres tous les deux ans.

EXERCICE C

En vous servant de la donnée, faites d'abord une demande polie, puis une phrase hypothétique avec **si**.

> EXEMPLE : aller au bal avec moi
>
> *Est-ce que tu irais au bal avec moi?*
>
> *Si elle était libre, Lydia irait au bal avec moi.*

1. avoir le temps de repasser mon veston gris
2. être d'accord pour inviter les Fauchon
3. me prêter la main
4. boire quelque chose
5. jeter un coup d'œil sur ce devoir

LE FUTUR-DANS-LE-PASSÉ s'emploie pour marquer une action dans le passé qui est en même temps postérieure, subséquente à une première action principale.

(III.3) *Le conditionnel et le futur-dans-le passé*

Le futur-dans-le-passé occupe donc, dans un contexte passé, exactement la même position qu'occupe le futur dans un contexte présent.

Contexte passé: Quand Mozart avait trois ans, on voyait déjà qu'il serait un jour un homme de génie.

Contexte présent: (D'une lettre de Leopold Mozart) «Wolfgang a trois ans et on voit déjà qu'il sera un jour un homme de génie.»

EXERCICE D

Changez le contexte présent en un contexte passé.

EXEMPLE : Il y a des fanatiques qui jurent que la fin du monde ne se fera pas longtemps attendre.

Il y a eu des fanatiques qui juraient que la fin du monde ne se ferait pas longtemps attendre.

1. Roland meurt tout seul sur le champ de Roncevaux. Charlemagne pleurera longtemps sa mort quand il l'apprendra.
2. Le voleur escalade le mur du jardin, emportant toute l'argenterie des McCormick. Ils ne le sauront pas avant la venue du jour.
3. Donna a très peur des chevaux; cependant son moniteur promet que dans six mois elle montera comme une championne.
4. Louis XVI essaie de s'évader de Paris. Prévoit-il que quelques mois plus tard on le mènera à la guillotine?
5. Brahms se présente chez les Schumann sans savoir qu'il tombera amoureux de Clara.
6. La mère de Jeannot le punit parce qu'il ronge ses ongles; elle ne prévoit pas que dans quinze ans il se débarassera tout seul de cette mauvaise habitude.
7. Le maître dit au domestique de laisser allumées les bougies qui s'éteindront d'elles-mêmes au cours de la nuit.
8. Dans l'ambassade tout est activité, mouvement, presse. Est-ce qu'on finira les préparatifs avant l'arrivée du ministre étranger?
9. Il pleut sans cesse depuis l'automne. Mais le premier jour qu'il fera beau, tous les arbres se couvriront de bourgeons blancs et roses.
10. La fée transforme les haillons de Cendrillon en une magnifique robe de satin. Elle ira au bal après tout!

EXERCICE E

Employez la donnée dans une phrase hypothétique avec **si** (le conditionnel: supposition contraire à la réalité présente). Ensuite employez la même donnée dans un contexte passé (le futur-dans-le-passé: action postérieure au contexte principal).

> EXEMPLE : on tuerait le coupable
> *Si on pouvait le trouver, on tuerait le coupable.*
> *Tout le monde venait regarder par les barreux de la cellule; dans quelques jours on tuerait le coupable.*

1. nous irons rejoindre nos parents à la campagne
2. mon petit frère s'engouerait de la musique de Bartok
3. cette pauvre fille se marierait avec un vaurien
4. on n'aurait plus rien à se dire
5. les murs de la ville tomberaient

PHRASES MODÈLES

1. Il serait impossible et absurde de vouloir supprimer la philosophie.
   CLAUDE JANNOUD, dans le *Figaro Littéraire*

   Il serait ~~~~~~ et ~~~~~~ de ~~~~~~~~~~~~~~~~~~~~~~~~~~.

2. Selon un verdict tenace que certains commentaires s'acharnent déjà à perpétuer après sa mort, Eric-Maria Remarque aurait été et demeurerait «l'homme d'un seul livre».
   ERNST-ERICH NOTH, dans le *Figaro Littéraire*

   Selon ~~~~~~
   ~~~~~~~~~~~~, ~~~~~~~~~~~~~~~ aurait été et demeurerait
   ~~~~~~~~~~~~~~~.

3. Quand même Dieu n'existerait pas, la religion serait encore sainte et divine.
   CHARLES BAUDELAIRE, *Journaux intimes*

   Quand même ~~~~ n'existerait pas, ~~~~~~~ serait encore ~~~~~ et ~~~~~,

4. Emma souhaitait un fils; il serait fort et brun et s'appellerait Georges.
   GUSTAVE FLAUBERT, *Madame Bovary*

   ~~~~~~~~~-ait ~~~~~; ~ serait ~~~ et ~~~ et ~~~~~~-ait ~~~~~.

III 4   FAIRE

FAIRE + infinitif. On emploie FAIRE + un infinitif pour indiquer le rôle initiateur que joue quelqu'un ou quelque chose dans les actions d'un autre.

    M. Revêche fait travailler ses étudiants.

    Les films de Lana Turner font pleurer les dames d'un certain âge.

    La conduite choquante de Rosalie ferait rougir une débauchée.

Si l'action s'applique à tout le monde, à n'importe qui, cet autre n'est pas mentionné.

    M. Revêche fait travailler dur.

    Les films de Lana Turner font pleurer.

    La conduite de Rosalie fait rougir.

Ou l'action est simple, sans autre complément que celui qui accomplit l'action (= l'agent).

    Mlle Grincheuse fait lire ses étudiants.

    C'est la souffrance qui a fait écrire cet auteur.

Ou bien l'action n'est pas simple, ayant déjà un objet direct.

    Mlle Grincheuse fait lire des chansons de geste.

    C'est la souffrance qui a fait écrire ce roman.

Quand un objet direct et l'agent de l'action sont tous deux présents dans la phrase, l'agent devient objet indirect.

    Mlle Grincheuse fait lire des chansons de geste à ses étudiants.

    C'est la souffrance qui a fait écrire ce roman à cet auteur.

Si une ambiguïté en résulte, on construit l'objet indirect avec **par** au lieu de **à**.

    Mlle Grincheuse fait lire des chansons de geste par ses élèves.

Tous les pronoms précèdent FAIRE. L'usage de **me, te, nous, vous** ne pose aucun problème puisque ces pronoms sont à la fois directs et indirects. Mails il faut faire attention en se servant de FAIRE avec les pronoms **le, la, les, lui, leur**.

—Il y a un agent.

    Mlle Grincheuse les fait lire.

        (les = les étudiants)

*FAIRE (III.4) —*Johnson Wax (Belgium) S.A.*

(III.4) FAIRE

C'est la souffrance qui l'a fait écrire.
(le = l'auteur)

—Il y a un objet direct.

Mlle Grincheuse les fait lire.
(les = les chansons de geste)
C'est la souffrance qui l'a fait écrire.
(le = le roman)

—Il y a un objet direct et un agent.

Mlle Grincheuse les fait lire par ses étudiants.
(les = les chansons de geste)
C'est la souffrance qui l'a fait écrire à cet auteur.
(le = le roman)
Mlle Grincheuse leur fait lire des chansons de geste.
(leur = par ses étudiants)
C'est la souffrance qui lui a fait écrire ce roman.
(lui = à cet auteur)
Mlle Grincheuse les leur fait lire.
(les = les chansons de geste)
(leur = par ses étudiants)
C'est la souffrance qui le lui a fait écrire.
(le = ce roman)
(lui = à cet auteur)

EXERCICE A

Donnez un agent à l'action. Attention! objet indirect ou non?

EXEMPLE: Un coup de téléphone inattendu peut faire pâlir.

Un coup de téléphone inattendu peut faire pâlir une mère qui attend depuis longtemps le retour de sa fille.

1. La solitude fait regretter la vie mondaine.
2. La peur fait dire des mensonges.
3. La terreur fait transpirer.
4. La politique fait perdre bien des scrupules.
5. La boisson fait bavarder.
6. Les cauchemars font quelquefois pleurer.
7. La persévérance fait accomplir des merveilles.
8. Les plaisanteries grossières font rire.
9. La visibilité réduite fait faire attention.
10. L'amour fait tout oublier.

Carnation rend* vos sauces plus onctueuses, plus veloutées !

Avec le lait évaporé Carnation, faites de véritables délices de vos plats de légumes et de viandes : nappez-les de savoureuses béchamelles onctueuses et fondantes. Vous verrez : c'est facile d'être un cordon bleu et de réussir les sauces les plus veloutées, les plus crémeuses quand on emploie le lait évaporé Carnation qui est fait avec le meilleur lait frais dont on a retiré l'eau ... pour ne garder que le meilleur !

Carnation
LAIT ÉVAPORE A PARTIR DU MEILLEUR LAIT FRAIS

*FAIRE **(III.4)** —Carnation (Belgium) S.A.

EXERCICE B

Remplacer les objets de l'exercice précédent par des pronoms. Ajoutez une première phrase pour indiquer l'antécédent.

    EXEMPLE: Un coup de téléphone inattendu peut faire pâlir une mère qui attend depuis longtemps le retour de sa fille.
    (Un coup de téléphone inattendu peut la faire pâlir.)

    Une mère qui attend depuis longtemps le retour de sa fille est sujette à toutes sortes de craintes. Un coup de téléphone inattendu peut la faire pâlir.

FAIRE DE marque une transformation.

    La richesse fait de l'homme simple un être torturé.
        (= L'homme simple devient un être torturé s'il a trop d'argent.)

    Un rayon de soleil a fait de ses cheveux un halo divin.
        (= Un rayon de soleil a transformé ses cheveux en un halo divin.)

    Certaines religions font de la mort une ocasion joyeuse.
        (= Certaines religions changent la mort avec toute sa tristesse en une occasion de joie.)

La transformation s'effectue entre deux noms. Si le changement est exprimé au moyen d'un adjectif, employez RENDRE.

    Sa nouvelle coiffure rend Bella affreusement laide.

    La musique orientale me rend nerveux.

    La méfiance injuste d'un père peut rendre vicieux ses enfants.

EXERCICE C

En vous servant de **faire** ou de **rendre**, exprimez autrement les idées suivantes.

1. Le mari de cette femme autoritaire est devenu son esclave.
2. Une couche de peinture suffit parfois pour transformer une maison terne en un nid confortable.
3. Orlando devient furieux quand il entend des propos désobligeants.
4. Votre devoir est si difficile qu'il est impossible de le faire.
5. Nous sommes toujours heureux quand un autre nous témoigne son admiration.
6. Les grandes villes américaines deviendront un jour inhabitables à cause de la pollution de l'air.
7. M. Douillet a toujours été cruel pour ses chiens, et par conséquent, ils sont méchants.

8. Les Domont ont collectionné tant de tableaux qu'on prend leur salle de séjour pour une galerie de peinture.
9. On devient très conscient de soi-même en prenant certaines drogues.
10. Je ne manque jamais d'être malade après avoir mangé des huitres.

EXERCICE D

Faites trois phrases sur le modèle suivant.

La pluie me rend triste et fait de la rue un bourbier.

~~~~~~ rend ~~~~ et fait de ~~~~~~~~~~~~~~~.

Voici quelques expressions avec FAIRE.

Faire du bien (*à quelqu'un*)	produire des effets heureux
Faire tout au monde(*pour +* infinitif)	essayer assidûment
Faire des reproches (*à quelqu'un*)	blâmer, exprimer du mécontentement
Faire mal (*à quelqu'un*)	blesser physiquement
Faire de son mieux	s'appliquer autant que possible
Faire le mort	prendre l'air d'un mort
Faire l'idiot	se conduire comme un bouffon
Faire l'enfant	se comporter d'une façon enfantine
Faire un enfant (*à une femme*)	rendre enceinte
Faire de la peine (*à quelqu'un*)	causer des souffrances
Faire fortune	s'enrichir; réussir merveilleusement
Faire un sourire (*à quelqu'un*)	sourire
Faire la vaisselle	laver les assiettes, les verres, etc.
Faire la cuisine	préparer les repas
Faire un voyage	voyager
Faire l'affaire	être juste ce qu'il faut
Faire peur (*à quelqu'un*)	effrayer
Faire un numéro	composer un numéro au téléphone
Faire des progrès	se développer en avançant
Faire école	attirer beaucoup d'imitateurs
Faire marcher (*quelqu'un*)	tromper par une ruse
Faire partie de	être membre de

EXERCICE E

Ecrivez une seule phrase qui comprendra les expressions.
1. faire mal; faire le mort
2. faire des reproches; faire un enfant

(III.4) FAIRE 121

    3. faire tout au monde; faire partie de
    4. faire du bien; faire un voyage
    5. faire de son mieux; faire des progrès
    6. faire l'idiot; faire de la peine
    7. faire la vaisselle; faire la cuisine
    8. faire fortune; faire école
    9. faire l'affaire
   10. faire marcher

PHRASES MODÈLES

1. Il y a des gens si ennuyeux qu'ils vous font perdre une journée en cinq minutes.

   JULES RENARD, *Journal*

   Il y a des ~~~~ si ~~~~~~~ qu'ils vous font ~~~~~~~~~~~~~~~~~~~~~~ ~~~~~~.

2. J'ai décidé de refuser tout ce qui de près ou de loin, pour de bonnes ou de mauvaises raisons, fait mourir ou justifie qu'on fasse mourir.

   ALBERT CAMUS, *La Peste*

   J'ai décidé de ~~~~~ tout ce qui ~~~~~~~~~~~~~~~~~~~~~~~ ~~~~~~~~~~~~~~, fait ~~~~~~ ou ~~~~~~ qu'on fasse ~~~~~~.

3. L'éminence même d'un spécialiste le rend dangereux.

   ALEXIS CARREL, *L'Homme, cet inconnu.*

   ~~~~~~~~~~~~~~~~ d'un ~~~~~~~~~ le rend ~~~~~~~~.

4. On fait des repas pour se divertir, le vin rend la vie joyeuse et l'argent répond à tout.

   L'Ancien Testament, L'Ecclésiaste

   On ~~~~~~~~~~~ pour ~~~~~~~~~, ~~~~~ rend ~~~~~~~~~~ et ~~~~~ ~~~~~~~~~~~~~.

un bon
petit café
bien gagné!*

Nescafé
dans chaque grain
le goût corsé du bon café

NESCAFÉ a changé... il n'est plus en poudre.
Aujourd'hui, NESCAFÉ est en granulés et ces petits grains brun foncé
c'est chaque jour dans votre tasse toute la saveur du café frais moulu.

NOUVEAU! les petits grains bruns de Nescafé font les bons cafés bien corsés.

*BON ≠ BIEN (III.5) —*Nestlé Inc.*

III 5   BON ≠ BIEN

BON, MEILLEUR et leurs contraires, MAUVAIS, PLUS MAUVAIS, sont des adjectifs. Ils qualifient des personnes ou des choses. Comme tous les adjectifs ils s'accordent avec leur nom.

    Le *Chien qui rit* fait une bonne soupe à l'oignon.

    Mais le steak au poivre et le coq au vin sont meilleurs au *Chat qui boite*.

    Peut-on dire que Jules Laforgue et Tristan Corbière ont été de mauvais poètes?

    Athalie était une plus mauvaise reine que Jézabel, sa mère.

PLUS MAUVAIS a pour synonyme, **pire**, qui se retrouve surtout dans l'expression **encore pire** = *plus mauvais que ce qui est déjà très mauvais*.

    J'avais des ennuis, mais à présent c'est encore pire, je souffre continuellement.

    D'après mon garagiste, les Fiat sont déjà mauvaises et les Simca sont encore pires.

EXERCICE A

Récrivez les phrases impaires en qualifiant le nom. Terminez les phrases paires.

    EXEMPLE: Rhonda a des idées. Celles de Al sont ...

                  Rhonda a de bonnes idées. Celles de Al sont meilleures.

1. M. Archer écrit des romans.
2. Ceux de M. Robbins sont ...
3. A Florence, chez Canelli, on vend des chaussures.
4. Celles qu'on vend chez Raspini sont ...
5. J'ai des amis.
6. Et moi, j'en ai de ...
7. La Strega est une liqueur italienne.
8. En général les liqueurs françaises sont ...
9. Hier soir on a vu un match de hockey.
10. Celui qu'on a vu la semaine dernière a été ...
11. La Royal est une machine à écrire.
12. L'Olympia en est une ...

13. Je me suis acheté un dictionnaire français-anglais.
14. Celui que nous a prêté le professeur est . . .
15. Ce soir des films passent à la télévision.
16. Après minuit on en joue de . . .

BIEN, MIEUX et leurs contraires, MAL, PLUS MAL, sont des adverbes. Ils qualifient des actions. Comme tous les adverbes ils restent invariables.

Au *Chien qui rit* on fait bien la soupe à l'oignon.

Mais on fait mieux le steak au poivre et le coq au vin au *Chat qui boite*.

Peut-on dire que Jules Laforgue et Tristan Corbière ont mal écrit la poésie?

Athalie gouvernait plus mal que Jézabel, sa mère.

PLUS MAL a pour synonyme, **pis**, qui se retrouve surtout dans les expressions, **au pis aller** = *en considérant les choses sous le plus mauvais angle*, et **de mal en pis** = *de plus en plus mal.*

Si on n'a pas d'argent, on peut au pis aller retourner vivre avec ses parents.

Au lieu de s'améliorer, les relations entre ces deux pays vont de mal en pis.

EXERCICE B

Récrivez la phrase en qualifiant le verbe, puis ajoutez une proposition comparative.

EXEMPLE : Ma mère sait faire la cuisine.

Ma mère sait bien faire la cuisine, mais mon père sait mieux la faire.

1. Sophia joue la comédie.
2. Les poules volent.
3. Judy monte à cheval.
4. M. Archer écrit.
5. Ceux qui ont été élevés près de la mer savent nager.
6. La Callas chante.
7. Les vieilles dames conduisent.
8. Arturo dirige son orchestre.
9. Mon terrier mange.
10. Les tulipes poussent dans l'Arizona.

Souvent l'action que qualifient BIEN, MIEUX, etc. . . , est exprimée sous la forme passive au moyen du verbe **être** + un participe passé. Il s'agit d'une action qui a déjà été faite, qui est en train de se faire, ou qui sera faite plus tard. Dans ce cas les adverbes qualifient le participe passé.

(III.5) BON ≠ BIEN   125

Les lettres de Melinda sont toujours mal écrites.
Raquel est bien bâtie.
Tu seras mieux servi au *Chat qui boite* qu'au *Chien qui rit*.

EXERCICE C

Complétez la phrase par un participe passé qualifié par **bien, mieux, mal** ou **plus mal**. Employez un verbe de la liste ou de votre choix.

EXEMPLE :   Ma mère était... à l'hôpital.
Ma mère était mal soignée à l'hôpital.

choisir	danser	jouer
traiter	assurer	payer
rouler	écrire	raisonner
faire	renseigner	partager

1. Votre succès dans cette entreprise est...
2. D'après les journaux, on est...dans les asiles d'Etat.
3. Les diplomates vivent bien parce qu'ils sont...
4. Notre agent de voyage est... sur l'Asie que le vôtre.
5. Parfois une esquisse est...que le tableau final.
6. *L'Age de raison* et *Le Sursis* sont... que *La Mort dans l'âme*.
7. Les arguments de cet orateur sont...
8. La sonate pour piano en ut mineur de Beethoven a été...
9. Tes exemples ont été... que ceux des autres.
10. *Le Lac des cygnes* a été... que *Giselle*.

EXERCICE D

Retournez la phrase en substituant un adverbe à l'adjectif ou vice-versa.

EXEMPLE :   Carole est une bonne danseuse.
Carole danse bien.

Lily peint mal les aquarelles.
Lily est un mauvais peintre d'aquarelles.

1. Régine est une bonne chanteuse.
2. Ma tante Esther fait bien la cuisine.
3. Arnold skie mal.
4. Mon chat est un bon chasseur de rats.
5. Le lévrier est un bon coureur.
6. D'habitude les adolescents sont de mauvais poètes.
7. M. Francis enseigne mal l'histoire.

8. Xavier joue mal du violoncelle.
9. Les frères Trisinie ramonent bien les cheminées.
10. Zelda est une bonne tireuse de cartes.
11. Serkin joue mieux du piano que Mitchell.
12. Franco coupe plus mal les cheveux que Paolo.
13. Frieda réussit mieux à l'école qu'Erda.
14. Stéphanie est une plus mauvaise dactylographe que Louise.
15. Le Docteur Boyer soigne mieux les dents que le Docteur Bouchard.

<u>LE BIEN et LE MAL sont des noms.</u> Leur sens n'est pas loin de *la vertu, la bonté*, et *le vice, la méchanceté*. Leur usage est fréquent.

Le bien est moralement préférable au mal.

Un homme amoral ne discerne pas le bien du mal.

<u>LE BON et LE MAUVAIS sont aussi des noms.</u> Leur sens n'a rien à faire pourtant avec la question morale, mais se rapporte plutôt aux avantages et aux inconvénients. Leur usage est assez rare.

Un sage accepte indifféremment le bon et le mauvais.

Cette poire est à demi pourrie. —Mais alors, jette le mauvais et garde le bon.

<u>LE MIEUX et LE PIRE, noms,</u> se rapportent à un état de choses, à des circonstances comparativement heureuses ou malheureuses. LE MIEUX = *la meilleure situation possible;* LE PIRE = *la plus mauvaise situation possible.*

Attristée d'abord par son divorce, Diane a fini par comprendre que c'était pour le mieux.

Certains paranoïaques rejetteront infailliblement le mieux en faveur du pire.

Voici quelques expressions utiles.

aller bien (mieux, mal, etc.)	être en bonne (meilleure, mauvaise) santé
aimer mieux	préférer
être bien	être dans une position confortable
se trouver mal	être tout à coup prêt à s'évanouir
être bien (mal) avec quelqu'un	avoir de bonnes (mauvaises) relations
prendre mal une chose	s'offenser à cause de cette chose
faire bien de (faire)	tirer du profit de
mener à bien (un projet)	achever
tant bien que mal	aussi bien que possible, mais pas très bien

(III.5) BON ≠ BIEN

tomber bien	arriver au bon moment
à quoi bon ?	avec quel profit ?
comme bon lui semble	comme il veut
tenir bon	ne pas céder
avoir mauvais cœur	manquer de tendresse
être de bonne (mauvaise) humeur	avoir pour le moment bonne ou mauvaise disposition
dire du mal de	dire de mauvaises choses sur

PHRASES MODÈLES

Ce monde n'est ni le meilleur ni le plus mauvais de tous les mondes possibles.

André Maurois, Mes songes que voici

1. Ce ~~~~~ n'est ni le meilleur ni le plus mauvais ~~~~~~~~~~ ~~~~~.

2. Dans l'adversité de nos meilleurs amis, nous trouvons quelque chose qui ne nous déplaît pas.

François de la Rochefoucauld, Réflexions ou Sentences et maximes morales

Dans ~~~~~~~ de nos meilleurs ~~~~, nous trouvons quelque chose qui ~~~~~~~~~~~~~~~~.

3. C'est dans le secteur des camions que la direction actuelle de Daimler-Benz a le mieux réalisé son objectif d'organisation rationnelle.

L'Express

C'est ~~~~~~~~~~~~~~~~ que ~~~~~~~~~~~~~~~~~~ a le mieux ~~~~~~~~~~~~~~~~~~~~~~.

4. La protection de l'environnement pose des problèmes dont on entrevoit mal la solution pratique, et à certains experts la situation paraît désespérée.

Jean-François Revel, Ni Marx ni Jésus

~~~~~~~~~~~~~~~~~~~~~~~~~~~~~~~~~ dont on ~~~~~~~ mal ~~~~~~~~~~~~~, et ~~~~~~~~~~~~~~~~~~~~~~~~~~~~~~~.

Philips c'est* la meilleure image télévision couleur.

Pour vous le prouver : 3 jours d'essai gratuit

Renseignez-vous auprès de votre Distributeur Officiel Philips
(C'est un spécialiste)

Oui, votre Distributeur Officiel Philips est sûr de ses téléviseurs couleur... Tellement sûr qu'il vous donne la possibilité de les juger chez vous, bien à l'aise, dans votre fauteuil.

N'est-ce pas là la meilleure preuve de qualité que peut vous offrir Philips ? Rien d'étonnant à cela :

Depuis plus de 25 ans, Philips a mis en œuvre tous ses moyens (et ils sont énormes) en hommes, en matériel, en technique, pour atteindre la perfection.

Alors, vous aussi, faites donc l'essai gratuit Philips. Allez tout simplement voir votre Distributeur Officiel Philips. Pour lui, la télévision couleur n'a pas de secret : c'est un spécialiste et il vous expliquera les modalités de cet essai.

Ainsi, il vous fera découvrir Philips, la meilleure image télévision couleur.

5 modèles de téléviseurs couleur à partir de 3650 F.

PHILIPS

Nouveauté Philips : le clavier automatique 6 chaînes.

De même que les téléviseurs noir et blanc, tous les téléviseurs couleur Philips sont équipés du clavier automatique 6 chaînes.

Il a 6 touches. 2 touches pour les deux chaînes actuelles, une touche pour la 3ᵉ chaîne qui sera mise en service prochainement et encore 3 touches pour les chaînes à venir. Ce n'est que l'un des derniers perfectionnements des téléviseurs Philips.

PHILIPS TV COULEUR

*CE ≠ IL (III.6) —*Philips Cie, S.A.*

INTERMARCO-ELVINGER 202-47

III 6 CE ≠ IL

CE est un pronom neutre qui n'a pas d'antécédent précis. IL est un pronom personnel qui a un antécédent précis.

C'est (pluriel, **ce sont**) dans son emploi usuel, sert à introduire, à nommer, une personne ou une chose sous un angle nouveau. Le sens d'une telle proposition est complet en soi.

> Voyez-vous ce gros monsieur? C'est mon père.
>
> Je suis ravie que vous aimiez le dessert; ce sont des pommes à la Sévillane.

Il est (**elle est, ils sont, elles sont**) sert à donner des précisions sur une personne ou une chose qu'on vient de mentionner. Une telle proposition prend son sens complet de ce qui précède.

> Voyez-vous ce gros monsieur? Il est très gourmand.
>
> Donne-moi encore du dessert, s'il te plaît; il est délicieux.

EXERCICE A

Ajoutez deux phrases à chaque donnée, l'une avec **c'est,** l'autre avec **il est.**

> EXEMPLE: Connaissez-vous M. Moreau?
>
> *C'est un professeur d'espagnol et de français. Il est très timide.*

1. Voici le plat principal.
2. Qu'avez-vous à la main?
3. On va au Louvre.
4. J'adore les pamplemousses.
5. Mimi et Gigi Larue vont venir nous voir.
6. Ecoute ce disque.
7. Je voudrais vous présenter à mon ami, Tchad.
8. As-tu jamais lu *L'Immoraliste*?
9. Qu'est-ce qu'une mirabelle?
10. Qu'est-ce qu'un terre-neuve?

C'est sert quelquefois à résumer une idée, une situation qu'on vient de décrire ou de suggérer.

La philosophie sartrienne prétend qu'il faut exister avant d'être. C'est difficile à comprendre.
(= cette notion est difficile)

Claudie est morte de la peste. Mon dieu! C'est horrible!
(= ce fait est horrible)

Remarquez que dans de tels cas, CE n'a toujours pas d'antécédent précis. Comparez :

A première vue, la philosophie sartrienne semble pleine de contradictions. Elle est difficile à comprendre.
(= la philosophie sartrienne est difficile)

La mort de Claudie a été typique des morts de la peste; c'est-à-dire, elle a été horrible.
(= la mort de Claudie a été horrible)

EXERCICE B

Faites deux commentaires sur chaque phrase, l'un avec **c'est** + adjectif, l'autre avec **il est** + adjectif. Expliquez la différence.

EXEMPLE : La musique de Varèse me fait mal à la tête.
C'est très désagréable.
(**ce** = *le fait d'avoir mal à la tête*)
Elle est discordante.
(**elle** = *la musique de Varèse*)

1. Dans ce roman un frère a une liaison amoureuse avec sa sœur.
2. Cet homme dit qu'il doit sa longévité au fait que depuis trente-cinq ans il boit deux litres de bière par jour.
3. Ces cigarettes me font tousser.
4. Ma mère va voter pour le candidat du parti indépendant américain.
5. Georges a épousé une fille de mœurs fort douteuses.
6. La troisième guerre mondiale détruirait l'humanité.
7. Le jeu peut conduire à la richesse ou à la ruine.
8. Les Danois bénéficient d'une éducation sexuelle obligatoire.

IL est un sujet impersonnel dans deux circonstances :

Dans les locutions impersonnelles telles que

il y a	il faut
il est tard	il s'agit de
il reste	il fait beau
il va de soi que	il vaut mieux

(III.6) CE ≠ IL   131

    il arrive que   il convient
    il est temps   il pleut
    il est une heure   il neige
    il paraît que   il me semble

Dans la formule **il est** + adjectif + **de** ou **que**.

    Il est bon de travailler dur.
    Il est rare de rencontrer quelqu'un de généreux.
    Il est préférable que vous soyez à l'heure.

EXERCICE C

Mettez une expression comprenant **il** impersonnel avant chaque donnée. Faites attention au mode du verbe et au sens de la donnée.

1. ... de marcher pendant des heures.
2. ... que nous nous en allions maintenant.
3. ... du vent.
4. ... pouvoir que vouloir.
5. ... d'un nain qui tombe amoureux d'une princesse.
6. ... qu'un médecin laisse mourir ses malades.
7. ... de manger pour vivre.
8. ... vingt bouteilles de vin dans la cave.
9. ... qu'un homme sociable et un solitaire ne verront pas le monde du même œil.
10. ... que nous apprenions, sinon à nous aimer, au moins à nous tolérer les uns les autres.

PHRASES MODÈLES

1. Ne me dites pas que ce problème est difficile. S'il n'était pas difficile, ce ne serait pas un problème.
                              FERDINAND FOCH

    Ne me dites pas que ~~~~~~~~ est ~~~~~~. S'il n'était pas ~~~~~~, ce ne serait pas ~~~~~~~~.

2. Quand un dégustateur dit d'un vin qu'il est équilibré, ne cherchez pas plus loin. Il est parfait.
                              RAYMOND DUMAY, dans le *Figaro Littéraire*

    Quand un ~~~~~~ dit d'un ~~~ qu'il est ~~~~~~, ~~~~~~~~ ~~~~~~. Il est ~~~~~.

3. Un homme seul avec la gloire, c'est déjà bête. Une femme seule avec la gloire, c'est ridicule.

   JEAN GIRAUDOUX, *Ondine*

   ~~~~~~~~~~~~~~~~~~~~, c'est déjà ~~~~. ~~~~~~~~~~~~~~~~~~~~ ~~~~, c'est ~~~~~~.

4. L'esprit scientifique, la recherche et la diffusion de l'information significative de la vérité, ce n'est pas de la prophétie, c'est la réunion des éléments qui permettent de former un jugement.

   FRANÇOISE GIROUD, dans l'*Express*

   ~~~~~~~~~~~~~~~~~~~~, ~~~~~~, ce n'est pas ~~~~~~~~~~~~~~~~, c'est ~~~~~~.

III 7   LE PARTICIPE PRÉSENT

L'action représentée par un participe présent est liée d'une façon ou d'une autre à l'action principale de la phrase. Le rapport entre les deux actions—simultanéité, cause, etc.—est indiqué par le contexte. C'est toujours une même personne qui fait les deux actions dans la phrase.

<u>Le participe présent en combinaison avec EN s'appelle *le gerondif*.</u>

Le gérondif indique une action qui se passe en même temps que l'action principale. La simultanéité des deux actions est accentuée.

    Certains professeurs fument en enseignant.
        (= pendant qu'ils enseignent)
    Dmitri s'est fait mordre par un requin en se baignant dans la mer.
        (= pendant qu'il se baignait)

Le gérondif indique une action causale dont l'action principale est le résultat direct.

    En entendant ces mauvaises nouvelles, Lana s'est évanouie.
        (= du fait qu'elle a entendu ces mauvaises nouvelles)
    Paderewski s'est enrichi en donnant des leçons de piano.
        (= du fait qu'il a donné des leçons de piano)

Le gérondif indique une condition favorable à la réalisation de l'action principale.

    En partant de bonne heure, nous arriverons à Aix avant midi.
        (= si nous partons de bonne heure)
    Théoriquement, un criminel sera traité avec clémence en se livrant volontairement à la police.
        (= s'il se livre volontairement à la police)

<u>Le participe présent s'emploie tout seul dans les cas suivants.</u>

Le participe présent marque une action qui précède immédiatement l'action principale.

    Laissant tomber son journal, mon père a éclaté en sanglots.
        (= tout de suite après avoir laissé tomber son journal)
    Ouvrant sa Bible, le pasteur a commencé la lecture d'un pasume.
        (= tout de suite après avoir ouvert la Bible)

Follement sages,

les Vachequiriphiles ont la sagesse de se faire une santé en se régalant*

Profitez vous aussi des bons produits qui font **La vache qui rit**®

*LE PARTICIPE PRÉSENT (III.7)   —*Fromageries Bel, S.A.*

(III.7) *Le participe présent*

Le participe présent marque le motif de l'accomplissement de l'action principale.

Ayant soif, le cheval s'est arrêté à la source.
(= puisqu'il avait soif)

Sachant que vous viendriez, je suis resté chez moi tout l'après-midi.
(= puisque je savais que vous viendriez)

Une ou plusieurs actions secondaires accompagnant l'action principale s'expriment au moyen du participe présent.

Tom, bâillant largement, a demandé l'heure à son hôtesse.

Donna a passé toute la journée dans les petites boutiques de Florence, essayant des robes et achetant de menus objets.

NB: Dans chaque cas, toutes les actions de la phrase ont le même agent.

EXERCICE A

Exprimez d'une autre façon les idées suivantes.

EXEMPLE : Vous trouverez des faits passionnants et peu connus à condition de lire cet article.

Vous trouverez des faits passionnants et peu connus en lisant cet article.

1. Si vous fumez trois paquets de Camel par jour, vous vous tuerez à la longue.
2. Pendant que Cyrano se promenait dans la rue, il a rencontré Roxanne.
3. Les veuves peuvent trouver un époux à condition de s'adresser au Service de Rendez-vous par Ordinateur.
4. Notre hôte s'est levé brusquement et est sorti de la salle sans mot dire.
5. Le chirurgien faisait une greffe du cœur quand il s'est coupé le doigt.
6. Maxwell s'est regardé dans un miroir pendant un bon quart d'heure et il en a éprouvé un dégoût profond pour toute la race humaine.
7. Le plus insigne nigaud peut passer pour un sage s'il se tait.
8. Les directeurs de la compagnie Volkswagen ont agrandi leur clientèle à force de lancer une publicité originale et spirituelle.
9. Bill Toomey a acquis une certaine renommée à cause de sa participation aux Jeux Olympiques.
10. Puisque Juliette croyait Roméo toujours en vie, elle l'a secoué violemment pendant qu'elle pleurait.
11. Madeleine a étouffé pour avoir mangé un filet de sole dont on n'avait pas enlevé toutes les arêtes.

12. Antoine a sauté du lit, puis il s'est mis à s'habiller avec une rapidité insolite.
13. Comme Swann voyait qu'il y avait de la lumière chez Odette, il s'est approché sournoisement de sa fenêtre.
14. C'est quand on fait des fautes qu'on apprend le mieux.
15. Julien Sorel aura le cœur et le corps de Mathilde pourvu qu'il joue le rôle d'un Don Juan expérimenté.
16. Ma mère marmotte des grossièretés quand elle est en train de repasser le linge.
17. Robespierre s'est fait guillotiner parce qu'il n'a pas pu s'adapter aux courants inconstants de la Révolution.
18. Les malades sexuels ne guériront jamais s'ils ne font que réprimer leurs désirs.
19. Vous savez bien que vous aurez votre diplôme dans peu de temps, alors pourquoi ne faites-vous pas un plus grand effort?
20. Ce pianiste m'embête avec ces interminables nocturnes de John Field.

EXERCICE B

Complétez les phrases. Expliquez le rapport entre le participe présent et le verbe principal.

EXEMPLE: ... je me suis fait un immense sandwich.

Ayant très faim, je me suis fait un immense sandwich.
(= *puisque j'avais très faim*)

1. ... un instituteur effraie ses élèves.
2. ... Clélie a avalé un noyau d'olive.
3. ... en se maquillant trop.
4. On peut observer toutes sortes de choses intéressantes ...
5. ... en mourant.
6. En regardant *Dracula* à la télévision ...
7. Se levant subitement ...
8. ... en embrassant les inconnus.
9. En achetant un mauvais dictionnaire français ...
10. Ne voulant pas vous déranger ...
11. ... on apprend à se maîtriser.
12. Ce cycliste chantonne toujours des hymnes ...
13. S'asseyant tristement au piano ...
14. Un chef d'état se fait aimer de son peuple ...
15. Reculant deux pas ...

(III.7) *Le participe présent* 137

Il est possible d'exprimer au moyen du participe présent un fait causal ayant un sujet autre que celui du verbe principal. Dans ce cas ce sujet secondaire se place immédiatement avant le participe.

> Notre restaurant vietnamien favori étant fermé, nous irons à côté manger le couscous.
>
> Un orage se levant à l'horizon, le capitaine a ramené les voyageurs au port.
>
> L'aubergiste ne disposant plus de chambres libres, Marie et Joseph se sont logés volontiers dans l'écurie.

EXERCICE C

Changez le verbe en participe présent, puis ajoutez une proposition principale.

> EXEMPLE : La voûte menaçait de s'effondrer.
>
> *La voûte menaçant de s'effondrer, tout accès à l'église a été strictement interdit.*

1. Les travaux constituent un danger pour les automobilistes.
2. L'ascenseur était hors service.
3. Le bien est inimaginable sans le mal.
4. La cloche sonnait minuit.
5. Mon steak n'était pas assez cuit.
6. Des huées se faisaient entendre partout dans la salle.
7. Mes yeux refusent de se fermer.
8. Cette ampoule a trop peu de watts.
9. Notre patron ne boit pas d'alcool.
10. L'avion pour Athènes ne part de Londres qu'une fois par jour.

PHRASES MODÈLES

1. Ne pouvant sortir de ces bois, nous y avons campé.

   FRANÇOIS-RENÉ DE CHATEAUBRIAND, *Voyage en Amérique*

   Ne pouvant ~~~~~~~~, nous ~~~~~~~~.

2. Les ruines occasionnées par le temps nous plaisent en nous jetant dans l'infini.

   JACQUES-HENRI BERNARDIN DE SAINT PIERRE, *Etudes de la Nature*

   ~~~~~~~~~~~~~~~~~~~~~~~ nous ~~~~~~ en nous ~~~~~~~~ ~~~~~~.

3. Le principe démocratique a contribué à l'affaissement de la civilisation en empêchant le développement de l'élite.
Alexis Carrel, *L'Homme, cet inconnu*

~~~~~~~~~~~~~~~~~~~~~ a contribué à ~~~~~~~~~~~~~~~~~~~~~~~
~~~~~~~~~~~~~~~~~~~~~~~~~~~~~~~~~~~~.

4. En devenant ambassadeur, l'ex-premier secrétaire s'éloigne du pouvoir.
Bernard Péron, dans le *Monde*

En devenant ~~~~~~~~~, ~~~~~~~~~~~~~~~~~~~~~~~~~~~~~~.

III 8   LE SUBJONCTIF (5): DOUTE

Une expression qui jette de l'incertitude sur une affirmation donnée exige que cette affirmation se construise avec le subjonctif.

Il est incertain
Il est douteux
Il est peu sûr
    que le cas de Bridey Murphy soit une preuve décisive de la réincarnation.

Il est improbable
Il est peu probable
Il est invraisemblable
Il est inconcevable
Il est impossible
    que les hommes apprennent un jour à vivre sans se méfier les uns des autres.

Il est faux
Il est discutable
Il est contestable
Il n'est pas prouvé
    que les hommes sachent mieux gouverner que les femmes.

Je ne suis pas certain
Je ne suis pas sûr
Je ne suis pas convaincu
    que Messiaen soit le plus grand compositeur de notre temps, mais j'adore sa musique.

Je doute
Je nie
    que mon chat ait mangé vos serins, Madame, il est trop doux.

Pour la négation de ces expressions, il vaut mieux employer un terme contraire plutôt qu'une négation véritable. Au lieu de: **il n'est pas incertain, il n'est pas improbable, je ne doute pas**, etc., écrivez: **il est certain, il est probable, je crois**, etc. Le résultat est alors très clair: l'expression ne jette pas d'incertitude sur ce qui suit, et la phrase se construit avec l'indicatif.

    Il est certain que le cas de Bridey Murphy constitue un argument très fort en faveur de la réincarnation.

    Il est indiscutable que les plus grands hommes ont aussi la plus profonde conscience de la solitude.

A part **il est impossible**, le sens des expressions impersonnelles n'admet pas facilement de construction avec DE + infinitif. Les expressions personnelles cependant se construisent toujours ainsi (toutes, sauf *nier*, avec DE) lorsque la même personne fait toutes les actions dans la phrase.

Penny n'est pas sûre d'avoir bien compris les instructions.

Je nie avoir menti; je suis la probité même.

EXERCICE A

Complétez les phrases.

EXEMPLE : Il est incertain...
Il est incertain que mon grand père guérisse de sa pneumonie.

1. Il est peu sûr que...
2. Il n'est pas prouvé que...
3. ...la fin du monde soit imminente.
4. Je nie que...
5. Il est improbable que...
6. Il est probable que...
7. Bette est incertaine que...
8. Bette est incertaine de...
9. Bette est certaine de...
10. Bette est certaine que...

EXERCICE B

Ajoutez à l'affirmation une expression de doute ou de certitude selon le cas. Faites les changements nécessaires au verbe.

EXEMPLE : Shakespeare a écrit toutes les pièces qu'on lui attribue.
Il n'est pas prouvé que Shakespeare ait écrit toutes les pièces qu'on lui attribue.

1. Les adultes ont besoin de lait.
2. Le terre tourne autour du soleil.
3. Toutes les théories de Freud sont valables.
4. La marijuana est dangereuse pour la santé.
5. L'invention de l'automobile a été une perte plutôt qu'un bénéfice.
6. Celui qui se croit supérieur l'est toujours.
7. Les femmes savent mieux supporter la douleur que les hommes.
8. Tu m'as compris, malgré ce que tu dis.
9. Une femme sera bientôt Présidente des États-Unis.
10. Les gitans savent faire de véritables malédictions efficaces.

EXERCICE C

Changer l'infinitif en une proposition.

> EXEMPLE : Je ne suis pas certain de pouvoir venir ce soir.
> *Je ne suis pas certain que Pauline puisse venir ce soir.*

1. Olivier nie avoir volé du pain.
2. Je doute de devenir jamais alcoolique.
3. Marcus n'est pas certain de vouloir participer au complot.
4. Il est impossible de s'entendre avec la boulangère.
5. Nous sommes sûrs de remporter au moins le troisième prix.

Changez la proposition en infinitif.

> EXEMPLE : Je ne suis pas certain que tu aimes ta profession.
> *Je ne suis pas certain d'aimer ma profession.*

1. Il est impossible que tu trouves des places pour la première du nouveau ballet de Béjart.
2. Je ne suis pas sûr qu'Edouard se souvienne de ton adresse.
3. Rachel est certaine que son père la punira si elle rentre après minuit.
4. Je doute que tu puisses te tenir assis, comme les bouddhistes, huit heures de suite.
5. Fernand n'est pas convaincu que Laurent ait mérité cette aubaine.

PHRASES MODÈLES

1. Je doute que les Black Panthers puissent être jugés impartialement dans notre pays.

   KINGMAN BREWSTER, cité par Jean-François Revel,
Ni Marx ni Jésus

   Je doute que ~~~~~~
   ~~~~~~~~~~~~.

2. Pour Mathieu Rollo, il était inconcevable qu'un père soit en même temps quelqu'un de réellement sympathique.

   <div align="right">JACQUES MANCINI, *Le Tricheur de Banff*</div>

   Pour ~~~~~~~~~~~~~~~~, il était inconcevable que ~~~~~~~~~~~~~~~~~~~~~~~~~~
   ~~~~~~~~~~~~~~~~~~~~~~~~~~~~~~~~~~.

3. Il est peu probable que les pays sous-développés puissent fixer le modèle d'une révolution pour les pays développés.

 JEAN-FRANÇOIS REVEL, *Ni Marx ni Jésus*

Il est peu probable que ⁓⁓⁓.

4. Il est faux que l'égalité soit une loi de la nature. La nature n'a rien fait d'égal ; sa loi souveraine est la subordination et la dépendance.

 LUC DE CLAPIERS DE VAUVENARGUES
 Pensées et Maximes

Il est faux que ⁓⁓⁓⁓⁓⁓⁓⁓⁓⁓⁓⁓⁓⁓⁓⁓⁓⁓⁓⁓⁓⁓⁓⁓. ⁓⁓⁓⁓⁓⁓⁓⁓⁓⁓⁓⁓ ⁓⁓⁓⁓ ; ⁓⁓⁓⁓⁓⁓⁓⁓⁓⁓⁓⁓⁓⁓⁓⁓⁓⁓⁓⁓⁓⁓⁓⁓⁓⁓⁓⁓⁓.

III 9   LE SUBJONCTIF (6) : APRÈS CERTAINES CONJONCTIONS

Le subjonctif suit nécessairement et automatiquement les conjonctions suivantes.

*Afin que *Pour que	vous puissiez entrer pendant mon absence, je vais vous donner la clé de la maison.
*Avant que	mon frère revienne, faisons une petite exploration de sa chambre.
*Sans que	personne me l'ait dit, j'ai passé toute la soirée un poisson d'avril collé au dos de mon veston.
*A moins que	tu veuilles faire autre chose, allons voir le nouveau film d'Agnès Varda.
*De peur que *De crainte que	ma mère me punisse, je lui ai dit que c'était toi qui avais cassé son flacon de parfum.
*A condition que Pourvu que	tu saches le flatter avec tact, ce professeur va t'adorer.
En attendant que Jusqu'à ce que	les bans soient publiés, Xavier et Minette gardent le secret de leur mariage prochain.
Bien que Quoique	la proximité d'un agent me fasse trembler, je t'accompagnerai au bureau de police.
Soit que	l'ampoule soit grillée, soit qu'un fusible ait fondu, cette lampe ne s'allume plus.

*Les conjonctions marquées d'un astérisque ont une préposition correspondante qui introduit un infinitif. Cette construction est demandée quand la même personne fait toutes les actions dans la phrase.

Afin de **Pour**	pouvoir entrer pendant mon absence, prenez la clé de la maison.
Avant de	partir rejoindre mon frère, faisons une petite exploration de sa chambre.
Sans	le savoir, j'ai passé toute la soirée, un poisson d'avril collé au dos de mon veston.

A moins de	trouver quelque chose de plus intéressant, allons voir le nouveau film d'Agnès Varda.
De peur de **De crainte de**	mettre ma mére en colère contre moi, je lui ai dit que c'était toi qui avais cassé son flacon de White Shoulders.
A condition de	savoir le flatter avec tact, tu charmeras ce professeur.

S'il n'existe pas de préposition correspondante, on emploie, bien entendu, dans tous les cas la conjonction même.

Comparez :

Bien que la proximité d'un agent me fasse trembler, je t'accompagnerai au bureau de police.	Bien que j'aie très peur des agents, je t'accompagnerai au bureau de police.

EXERCICE A

Faites de la donnée une phrase complexe, en y ajoutant une des conjonctions étudiées et en inventant une première proposition. Faites les changements nécessaires au verbe. N'employez pas deux fois la même conjonction.

EXEMPLE : Il finit ses études.

Le grand père de Marc lui donnera un million de francs à condition qu'il finisse ses études.

1. Elle atteint son but.
2. On saura le moyen de créer un être vivant.
3. Il fait son droit.
4. Il est trop tard.
5. Elle se méprend sur mes intentions.
6. Il ne m'a pas reconnu; il n'a pas voulu me reconnaître.
7. Il apprend à nager.
8. Tu peux le faire toi-même.
9. Il fait un peu froid.
10. Tu ne bois pas trop.

EXERCICE B

Refaites les phrases que vous avez écrites pour l'Exercice A, en substituant à votre conjonction la préposition correspondante, s'il y en a une.

EXERCICE C

Des deux phrases simples faites une seule phrase complexe, reliant les propositions par une conjonction convenable.

EXEMPLE : Marge vit avec ses parents. Son fiancé reviendra de la guerre.
Marge vit avec ses parents en attendant que son fiancé revienne de la guerre.

1. Je ne fais jamais mon lit. Ma mère me dit de le faire.
2. Janine refuse de se marier. Un bel homme riche, intelligent et spirituel lui demandera sa main.
3. Cendrillon doit partir du bal. Il sera minuit.
4. Les enfants aiment lire. Les livres qu'on leur donne sont pleins d'aventures.
5. Je vais me sauver. Tu as encore besoin de moi.

Même exercice, mais servez-vous cette fois de la préposition qui convient. Attention à toutes les modifications nécessaires.

EXEMPLE : Marge vit avec ses parents. Elle fait des économies.
Marge vit avec ses parents pour faire des économies.

1. Je ne bougerai pas d'ici. Je saurai la vérité.
2. Nous garderons notre ligne de conduite actuelle. Nous en trouverons une meilleure.
3. Debbie ne dit jamais rien. Elle ferait des erreurs grammaticales.
4. Arthur écrit cent fois chaque nouveau mot de vocabulaire. Il s'en souviendra toujours.
5. Je ne t'ai pas dit que tu avais l'air malade. Je t'aurais offensé.

PHRASES MODÈLES

1. Personne ne touche au jardin de son voisin : chacun respecte le travail des autres afin que le sien soit en sûreté.

    JEAN-JACQUES ROUSSEAU, *Emile*

    Personne _____ : chacun _____
    _____ afin que _____.

2. Il y a des gens qui parlent, qui parlent—jusqu'à ce qu'ils aient trouvé quelque chose à dire.

    SACHA GUITRY

    Il y a _____ qui _____, qui _____—jusqu'à ce que _____
    _____.

3. Il est bon de suivre sa pente pourvu que se soit en montant.
   André Gide, *Les Faux Monnayeurs*
   Il est bon de ~~~~~~~ pourvu que ce soit ~~~~~~~.

4. On a saisi, en janvier, des publications pornographiques d'origine danoise ou suédoise, sans que cela provoque de réaction dans l'opinion publique.
   Alexandre Dieudonné, dans le *Monde*
   On a ~~~, ~~~~~~, sans que cela ~~~~~~~~~~~~~~~~~~~~~~~~~~~~.

III 10   LA DISTANCE ET LA PROXIMITÉ

<u>Les adverbes de distance</u> sont **loin, au loin, de loin**. Ils qualifient des actions.

    Ce jeune homme sans scrupules ira loin.

    Un bout de l'arc-en-ciel touchait l'arche, l'autre disparaissait au loin.

    Juste avant de mourir, Mariette a poussé un faible soupir qui semblait déjà venir de loin.

<u>Les adjectifs de distance</u> sont **éloigné** (= *loin* et souvent *isolé*) **lointain** (= *très loin*). Ils qualifient des lieux ou des unités de temps. En plus, **éloigné** s'applique à des rapports de parenté.

    Après avoir quitté son mari, Francine est allée habiter une ville éloignée.

    Je n'aime pas le vingtième siècle; j'aurais voulu naître à quelque époque lointaine.

    Le duc comptait unir sa fille à un cousin éloigné qui était non seulement fort riche, mais affreusement laid.

<u>La préposition de distance</u> est **loin de**. Elle a toujours un complément.

    La divorcée est allée vivre loin de son mari.

    Lille n'est pas loin de Bruxelles.

    Loin de moi de vouloir vous offenser, mais à vrai dire, je vous trouve légèrement ridicule.

<u>Les verbes de distance</u> sont **éloigner** (= *mettre loin*), **s'éloigner** (= *aller loin*).
Ils s'appliquent à des personnes ou à des choses.

    A la suite de sa disgrâce, on a éloigné le diplomate dans un petit pays africain.

    Chaque fois que le chien a essayé d'attraper le morceau que lui tendait l'enfant, celui-ci a éloigné sa main.

    Le bateau s'éloignait déjà du quai quand nous sommes arrivés pour dire au revoir à nos amis qui se trouvaient à bord.

    Rodolfo a voulu embrasser Mimi, mais elle s'est éloignée de peur de lui donner sa maladie.

vous aimez aller vite et loin

... elle aussi

Puissante, nerveuse et rapide avec son nouveau moteur 2 litres, la 504 vous conduira vite et loin.
Vous la voyez sur toutes les routes, mais la connaissez-vous vraiment bien ?
★ 3 nouveaux moteurs au choix
★ 4 roues indépendantes
★ 4 freins à disque assistés
★ boîte de vitesses classique ou automatique
★ sièges-fauteuils avec appui-tête réglable
★ rayon de braquage de 5,20 m.
★ toit ouvrant ou non
Et combien d'autres équipements que vous découvrirez vous-mêmes chez les Concessionnaires Peugeot.

504 PEUGEOT

Peugeot produit plus pour vous livrer plus vite

*LA DISTANCE ET LA PROXIMITÉ (III.10) —*Automobiles Peugeot, S.A.*

(III.10) *La distance et la proximité*

EXERCICE A

Faites une phrase avec chaque donnée.

EXEMPLE : arriver de loin
Les meilleures nouvelles arrivent rarement de loin.

1. loin de Varsovie
2. venir de loin
3. des parents éloignés
4. loin de moi de vouloir
5. s'étendre au loin
6. un siècle lointain
7. une île éloignée
8. loin de leur pays maternel
9. entendre des cris au loin
10. éloigner des flatteurs
11. loin de la mer
12. s'éloigner en pleurant
13. paraître au loin
14. s'éloigner de la gare
15. aussi loin de la fenêtre que possible

Les adverbes de proximité sont **près**, **de près**. **Près** marque la situation géographique ; **de près** marque une façon d'agir.

Rosalie a refusé mon offre de la reconduire, disant qu'elle habitait tout près.

Un étudiant ne fait rien d'intéressant quand on le surveille de trop près.

Monsieur, rasez-vous de près grâce à la lame Velours-Frisson.

Les adjectifs de proximité sont **proche**, **voisin** (= *à côté* ou presque) **Proche** s'applique aux lieux, au temps, aux rapports de parenté. **Voisin** ne s'applique qu'aux lieux.

L'heure est proche où la terre sera dévorée par les flammes.

La maison voisine est si proche de la nôtre que nous entendons tout ce qui s'y passe.

Les prépositions de proximité sont **près de**, **auprès de** (= *dans la société de*). **Près de** a pour complément une personne ou une chose ; **auprès** de, une personne.

Il y a toujours de grands hôtels près d'une belle plage.

Comme par hasard, Paul a pris une place tout près de Virginie.

Quand on vit auprès de gens malhonnêtes, on ne peut pas manquer de perdre de ses scrupules.

Les verbes de proximité sont **approcher, s'approcher**. **Approcher** (= *mettre près*) s'applique à des choses. **Approcher de** (= *atteindre*) s'applique à des choses ou à des personnes. **S'approcher** (= *aller près*; acte de volonté) s'applique à des personnes seulement. La "destination" en question est introduite par **de**.

    Approche une chaise et assieds-toi.

    Le bateau approchait du quai quand nous sommes arrivés au port.

    A quoi bon travailler si on n'approche pas de son but?

    Les bergers se sont approchés du feu pour se réchauffer.

NB: **Près** et **loin**, tout en restant des adverbes, s'emploient couramment avec le verbe *être*.

    L'arrêt d'autobus est assez loin.

    On ira à pied voir la cathédrale; elle est tout près.

    Cueillez des roses dès maintenant; la vieillesse n'est pas loin.

EXERCICE B

Exprimez autrement les idées suivantes.

1. Les petits canetons se suivaient à une distance de quelques centimètres.
2. Si un jeune homme n'a pas d'égards pour ceux qu'il voit tous les jours, comment peut-il espérer se faire des amis?
3. Après avoir vécu dans la compagnie des grands, même les petits esprits prennent de l'envergure.
4. La mort vient vers nous du moment que nous naissons.
5. Il y a quelques bars louches à proximité de l'église.
6. Chaque soir mon père va jouer au bridge dans un café qui se trouve à quelques pas de notre maison.
7. Le petit tendait sa main vers les gâteaux défendus.
8. Aux obsèques, il n'y avait que le père, la mère, les tantes et oncles du défunt.
9. La mère moribonde a demandé qu'on tire le berceau de son unique enfant jusqu'au bord de son lit.
10. Les délégués se sont dirigés respectueusement vers le trône du tsar.

EXERCICE C

Complétez les phrases.

    EXEMPLE: Ma maison n'est pas loin ...

        Ma maison n'est pas loin de la piscine communale.

(III.10) *La distance et la proximité* 151

1. Quelle chance d'avoir une audience auprès . . .
2. Le chat a approché sa patte . . .
3. Je donnerais tout pour être loin . . .
4. Il n'est pas impossible que les hommes aient été plus contents dans les siècles . . .
5. . . . un homme politique de choquer exprès son public.
6. Comment être satisfait quand on n'a qu'un foyer agréable, une nourriture saine et abondante et l'amour de . . .
7. Le jour de l'amnistie . . .
8. Le signal, deux brefs éclairs suivis d'un long, a paru . . .
9. . . . Buffalo il y a des cataractes célèbres.
10. Plutôt que de se remarier, la duchesse s'est retirée dans un couvent . . .
11. . . . moi de penser du mal des autres!
12. Un revolver à la main, Mr. Ruby s'est approché . . .
13. D'après les hommes de science, si la vie existe sur d'autres planètes, c'est sur des planètes . . .
14. . . . fou, un homme médiocre peut bien se croire sage.
15. Cette femme se maquille comme un mannequin, et pourtant elle approche . . .

PHRASES MODÈLES

1. Un homme arrive de loin, fait le tour de ses anciens amis et reprend sa valise.
   Claude Veillot, dans l'*Express*

   ~~~~~~~~~~ arrive de loin, ~~~~~~~~~~~~~~~~ et ~~~~~~~~.

2. Loin d'éclaircir les notions du grand Etre, je vois que les dogmes particuliers les embrouillent.
   <div style="text-align: right;">Jean-Jacques Rousseau, *Profession de fois du vicaire savoyard*</div>

   Loin de ~~~~~~~~~~~~~~~~~~~~~~~~, je vois que ~~~~~~~~~~~
   ~~~~~~~~~~~~~~~~~~.

3. A Vancouver, le Québec est aussi loin et exotique que la France, et la Californie très proche malgré la distance.
   Louis Marcorelles, dans le *Monde*

   A ~~~~~~~~~, ~~~~~~~~ est aussi loin et ~~~~~~~~ que ~~~~~~~~, et ~
   ~~~~~~~~ très proche ~~~~~~~~~~~~.

4. Si vous n'avez rien à me dire, pourquoi venir auprès de moi?
   <div style="text-align: right;">Victor Hugo, *Les Contemplations*</div>

   Si vous ~~~~~~~~~~~~~~~, pourquoi ~~~~~ auprès de ~~~~~?

IV *quatrième partie*

Elle apporte des suggestions nombreuses pour toute la famille ! Vous cherchez à offrir de petits cadeaux qui font plaisir ? Un parfum évocateur ? Des produits de toilette pour homme ou de joyeuses surprises pour les enfants ?... Votre Déléguée-Avon vous présentera avec plaisir plus de 200 produits de toilette et de beauté, dont beaucoup en emballage-cadeau. Accueillez votre Déléguée-Avon et sélectionnez, dans le confort de votre propre intérieur, les cadeaux de votre choix. Votre Déléguée Avon vous aidera à faire des heureux autour de vous.

Avon cosmetics

En vente exclusive auprès de votre Déléguée.

NEW YORK · LONDRES · MUNICH · BRUXELLES · ROME · PARIS

Quelles* sont les merveilleuses idées-cadeaux de la Déléguée-Avon ?

*QUEL ≠ QU'EST-CE QUE (IV.1) —Avon Cosmetics, S.A.

IV 1 QUEL ≠ QU'EST-CE QUE

<u>QUEL est un adjectif qui demande une identification.</u> Il est toujours accompagné d'un nom.

    Quelle heure est-il ?
    Quel film allons-nous voir ?
    Quel jour est-ce aujourd'hui ?
    Quels livres faut-il acheter pour ce cours ?
    Quels étudiants ont été présents ?

QUEL se place souvent seul avant le verbe **être**.

    Quelle est la date ?
    Quelle est cette musique ?
    Quels ont été tes sentiments ?
    Quelle serait votre réaction si je vous disais ce que je pense de vous ?

NB: S'il n'y a pas de nom, on emploie QUE (= *quelle chose*).

    Qu'allons-nous voir ?
    Que faites-vous ?

<u>QU'EST-CE QUE (ou plus familièrement, **qu'est-ce que c'est que**) est une demande de définition.</u> Il n'est pas question, comme pour QUEL, d'identifier une chose parmi plusieurs, mais de donner une description d'un objet inconnu.

Qu'est-ce qu'une bonne sœur ?	C'est une religieuse de l'église catholique.
Qu'est-ce que *L'Avventura* ?	C'est un film d'Antonioni.
Qu'est-ce que la vie ?	C'est une souffrance continuelle.

Comparez :

Quelle symphonie a-t-on jouée ?	La sixième de Prokofiev.
Qu'est-ce qu'une symphonie ?	C'est une composition musicale ayant d'habitude quatre mouvements et destinée à être jouée par un orchestre.

EXERCICE A

Remplacez **que** par **quel** + un nom. Attention à l'accord du participe passé.

    EXEMPLE : Qu'a-t-il éprouvé?

          Quels sentiments a-t-il éprouvés?

1. Que lisez-vous ?
2. Qu'allons-nous voir au théâtre ?
3. Qu'a-t-elle acheté ?
4. Que devrions-nous écrire ?
5. Qu'a-t-il raconté ?
6. Qu'ont-ils pris ?
7. Que voudrais-tu écouter ?
8. Que doit-on prendre pour aller à Neuilly ?
9. Qu'a-t-elle mis pour aller danser ?
10. Que nous enseigne Platon ?

EXERCICE B

Exprimez les idées suivantes d'une autre façon.

    EXEMPLE : Que fait-il dans la vie ?

          Quelle est sa profession?

1. Que regardent les enfants l'après-midi à la télévision ?
2. Est-ce aujourd'hui le vingt-deux, le vingt-trois, ou le vingt-quatre septembre ?
3. Expliquez-moi ce que c'est qu'un singe.
4. Comment vous appelez-vous ?
5. Dites-moi la marque de cigarettes qu'elle fume.
6. Renseignez-moi sur le devoir pour demain.
7. Définissez-nous la vertu.
8. Que pensez-vous de vous-même ?

EXERCICE C

Faites deux questions pour chaque sujet, l'une avec **quel** et l'autre avec **qu'est-ce que**, de façon à montrer la différence entre les deux. Donnez une réponse à chaque question.

(IV.1) QUEL ≠ QU'EST-CE QUE   157

    EXEMPLE : prêtre

                  Quel prêtre avez-vous consulté? Je suis allé voir le père Trouille avant son départ pour Rome.   *Qu'est-ce qu'un prêtre? C'est un ecclésiastique du culte catholique.*

1. métier
2. disque
3. bouquin
4. fiche
5. bête
6. frais
7. régime
8. situation
9. complément circonstanciel
10. pouvoir

PHRASES MODÈLES

1. Quel est l'homme sage qui sera plein de désespoir parce que Dieu ne lui a pas révélé ses secrets ?

                                 VOLTAIRE, *Lettres philosophiques*

   Quel est le _____ qui _____ parce que _____ _____ ?

2. Quelles sont les tâches essentielles que s'assigne l'Etat ?

                         GILBERT MATHIEU, dans le *Monde*

   Quelles sont les _____ que _____ ?

3. Qu'est-ce qu'un souvenir qu'on ne se rappelle pas ?

                         MARCEL PROUST, *Sodome et Gomorrhe*

   Qu'est-ce qu'un _____ qu'on _____ ?

4. Tout le monde aujourd'hui se plaint d'être trop fatigué. Mais qu'est-ce que la fatigue ?

                         ROSIE MAUREL, dans l'*Express*

   Tout le monde aujourd'hui _____. Mais qu'est-ce que _____ ?

On n'est plus des bébés!*

Passé le premier âge, l'organisme a besoin d'un lait allégé de ses matières grasses : c'est Régilait en granulés solubles, si pratique !

Bien sûr on n'est plus des bébés, ça se voit à l'œil nu ! Ça se sent aussi : un estomac et un foie qui ont leur mot à dire, un bourrelet qui s'installe de-ci de-là...

Bref, on n'est plus des bébés ! Mais comme eux nous avons notre lait bien à nous, toujours en granulés solubles, et issu des meilleurs pâturages.

Les granulés solubles, c'est tellement plus facile à doser, et tellement plus économique ! Allégé de ses matières grasses, Régilait prend bien soin de notre organisme que la vie moderne malmène.

On n'est plus des bébés, et c'est très bien que Régilait y ait pensé !

régilait
GARANTI PAR FRANCE-LAIT

*ON (IV.2) —France-Lait/Havas Conseil

IV 2 ON

ON est toujours sujet. Il signifie :

<u>des gens en général</u> (= *vous, moi, n'importe qui*)

On ne doit pas obéir à une loi injuste.
Dans un essai ou un article critique on trouve des notes à la fin, ou au bas de la page.
Quand on est près de la mort, on voit la vie sous un angle différent.

<u>les gens d'un certain groupe</u> (= *ils*)

En Europe on n'a pas la manie de prendre un bain tous les jours.
Pendant le déclin de l'empire romain, on menait une vie fastueuse, dévergondée et attrayante.
On est mal payé dans les usines.

<u>des gens dont l'identité est inconnue</u> (= *ils «anonyme»*)

On dit que Falstaff est le plus grand opéra de Verdi.
Je suis allé voir cette charmante petite maison du dix-huitième siècle, mais on l'avait démolie pour construire un parking de 20 étages.
L'élection aura lieu une deuxième fois parce qu'on a truqué le scrutin.

<u>des gens particuliers nommés dans la phrase</u> (= *nous, ils*). Remarquez que le participe passé s'accorde dans ce cas avec le sens, et non avec la forme, de ON.

En août dernier je suis allé au Maroc avec mon oncle, on s'est bien amusés.
On est partis, Guy, Lily et moi, bien avant les autres.

<u>(emploi ironique) la personne adressée</u> (= *tu, vous*)

On n'est pas très en forme aujourd'hui, eh, Polly ?
Est-ce qu'on peut m'écouter sans m'interrompre ?

NB: Après **et, ou, où, que, si**, on peut aussi écrire L'ON.

EXERCICE A

Exprimez les idées suivantes en vous servant de **on**.

EXEMPLE : Les Italiens mangent beaucoup de pâtes.
En Italie on mange beaucoup de pâtes.

1. Les habitants des Etats-Unis sont parfois gâtés par une vie trop facile.
2. Les employés de banque ont des heures de travail raisonnables.
3. Ma sœur et moi sommes allés voir *Grandeur et décadence de la ville de Mahagonny*, pièce de Bertholt Brecht et Kurt Weill.
4. Quand la pièce *Grandeur et décadence de la ville de Mahagonny* est sortie en Allemagne dans les années trente, elle a été interdite.
5. Au Moyen Age la mort était un spectacle de tous les jours; par conséquent tout le monde était très conscient de sa propre mortalité.
6. Si vous avez une hépatite, vous ne pouvez pas boire d'alcool.
7. Est-il vrai que les moines mènent une vie sobre et austère?
8. Est-ce que tu te moques de moi par hasard?
9. Les invités des Greene mangent toujours trop bien.
10. Nous savons bien qu'il vaut mieux vivre dans le présent que dans le passé ou même dans l'avenir.

Le pronom réfléchi qui correspond à ON est SE. Le pronom accentué est SOI. Les possessifs sont SON, LE SIEN.

Quand on se regarde de trop près, on ne peut rien faire de spontané.

Si on est né sous le signe de la Balance, on n'est jamais mieux ailleurs que chez soi, dans son propre petit nid, où tout est harmonieusement familier.

On est large d'esprit si on sait estimer objectivement des opinions opposées aux siennes.

Les pronoms objets qui correspondent à ON sont VOUS et NOUS, interchangeables. Ils sont tous deux à la fois directs et indirects.

On n'est pas obligé d'aimer tous ceux qui vous aiment.

On a tendance à se méfier de quelqu'un qui ne vous connaît pas bien, mais qui vous appelle tout de suite par un diminutif.

Si on ne répond pas aux paroles qui nous sont adressées, on ne peut pas manquer de paraître ou sot ou impoli.

EXERCICE B

A partir de la donnée, faites une phrase ayant pour sujet **on**.

EXEMPLE: se connaître

Quand on se connaît bien, on connaît plus facilement les autres.

1. s'analyser
2. se taire
3. penser à soi

4. avoir des idées
5. vous poursuivre
6. penser de soi-même
7. quitter ses parents
8. nous idéaliser
9. choisir sa carrière
10. se comprendre
11. vous répondre
12. négliger la sienne
13. garder pour soi
14. ne pas nous dire la vérité
15. se méfier de soi-même

Voici d'autres termes se rapportant aux gens :

personnes. Employez **personnes** avec un chiffre.

Le dîner était très amusant, puisqu'on m'avait placé entre deux personnes spirituelles.

Quand je suis arrivé chez le dentiste, il y avait déjà une quinzaine de personnes qui attendaient.

gens. Employez toujours **gens** au pluriel, sans chiffre, pour parler d'un nombre indéterminé de personnes.

Je ne connais que des gens bizarres.
Ce gentil prince fréquente des gens de toutes les classes sociales.

quelqu'un. Employez **quelqu'un** pour parler d'une seule personne non identifiée.

Si tu entends parler de quelqu'un qui veut vendre sa vieille voiture, dis-le-moi.

Quelqu'un a empoisonné tous nos chats.

celui. Employez **celui** (suivi de **qui, que, dont, à qui**) pour parler d'une personne indéterminée, «générale», qui représente toute une catégorie de gens.

Celui qui gagne toujours au jeu perd à la longue sa prudence.
Celui dont on parle beaucoup le mérite rarement.

monde. Employez **monde** pour parler d'un nombre indéterminé de gens se trouvant en un certain lieu.

Il y a toujours du monde dans les musées les jours fériés.
Le spectacle était merveilleux, et pourtant il y avait très peu de monde.

tout le monde. Employez **tout le monde** pour parler de la race humaine entière ou de tous les membres d'un certain groupe.

Naître, peiner, mourir, est-ce l'histoire de tout le monde?

Tout le monde savait que Randy serait de nouveau président du cercle français.

EXERCICE C

En vous servant d'un terme de la liste précédente, exprimez autrement les idées données.

1. Je connais quatre individus qui ont essayé en vain de se suicider.
2. La pollution est un danger qui touche l'humanité entière.
3. Le nombre de spectateurs au concert était petit.
4. Tous ceux qui viennent me voir ont des problèmes.
5. Pas un seul être humain n'a répondu à mon invitation.
6. Un homme qui sait vite s'adapter aux circonstances imprévues ne sera jamais malheureux.
7. Un inconnu a cassé deux de nos fenêtres.
8. L'homme qui travaille dur est plus heureux que l'homme qui a hérité son argent de sa famille.
9. Il y a des individus qui n'ont pas de goût.
10. Il y avait beaucoup d'hommes, de femmes, d'enfants et de jeunes gens dans le parc.

PHRASES MODÈLES

1. On a souvent besoin d'un plus petit que soi.

    JEAN DE LA FONTAINE, *Fables*

    On a ~~~~~ besoin d'un ~~~~~ que soi.

2. On ne peut avoir de relations vraiment humaines: c'est là ce qui vous ravage.

    D. H. LAWRENCE, cité dans le *Figaro Littéraire*

    On ne peut ~~~~~: c'est là ce qui vous ~~~~~.

3. Quand on donne un baiser à quelqu'un, c'est qu'on avait envie d'être embrassé soi-même.

    SACHA GUITRY, *Les Femmes et l'Amour*

    Quand on ~~~~~, c'est qu'on ~~~~~ d'être ~~~~~ soi-même.

4. Qu'on évite d'être vu seul avec une femme qui n'est pas la sienne, voilà une pudeur qui est bien placée.

        Jean de la Bruyère, *Les Caractères*

Qu'on ~~~~~~~~~~~~~~~~~~~~~~~~~~~~~~~~ qui n'est pas la sienne, voilà ~~~~~~~~~~~~~~~~~~~~~~~~~~~~~.

IV — SI

SI est une conjonction qui sert à exprimer :

—une supposition

    Si vous avez été à Moscou, vous avez vu le Kremlin.

—une condition

    Si vous partez de bonne heure, vous serez à Nantes avant midi.

—une hypothèse

    Si j'avais un enfant, je l'appellerais Oreste.

L'usage de SI nous place dans le domaine du *réel* ou dans le domaine de l'*irréel*.

<u>SI introduit un verbe au présent ou au passé composé.</u> Ces deux temps indiquent des circonstances conformes à l'état réel des choses.

    Si je mange des épinards, je serai fort et vigoureux.
        (Je peux en manger pour devenir fort et vigoureux.)

    Si vous m'avez bien écouté, vous n'aurez pas de questions à poser.
        (Vous m'avez bien écouté? Oui? Alors vous n'avez pas de questions à me poser.)

    Si on est riche, on n'est pas forcément heureux.
        (Il y a en effet des riches malheureux.)

La deuxième proposition peut se construire avec un verbe au présent, au futur, au futur antérieur ou au passé composé. Vous n'avez qu'à choisir le temps logique en pensant attentivement au sens de la phrase. Remarquez bien qu'aucun des temps employés n'a les terminaisons *-ais, -ait, -ions, -iez, -aient*.

<u>SI introduit un verbe à l'imparfait ou au plus-que-parfait.</u> Ces deux temps indiquent une situation hypothétique qui ne correspond pas à la réalité des choses.

    Si j'avais mangé des épinards quand j'étais petit, je serais robuste aujourd'hui.
        (Je n'en ai pas mangé, et je ne suis pas robuste.)

    Si vous m'aviez bien écouté, vous n'auriez pas de questions à poser.
        (Vous n'avez pas bien écouté, voilà pourquoi vous avez des questions.)

Si tu étais riche, tu ne serais pas forcément heureux.
(Tu n'es pas riche.)

La deuxième proposition peut se construire avec le conditionnel ou le conditionnel passé. Vous n'avez qu'à choisir le temps logique en pensant attentivement au sens de la phrase. Les combinaisons les plus fréquentes sont : imparfait + conditionnel, plus-que-parfait + conditionnel passé. Remarquez bien que tous les temps employés ont les terminaisons -ais, -ait, -ions, -iez, -aient.

NB: Il n'y a que quatre temps qui peuvent suivre SI :

| *Etat réel:* | le présent | le passé composé |
| *Etat irréel:* | l'imparfait | le plus-que-parfait |

EXERCICE A

Complétez chaque phrase de deux façons différentes en changeant le temps du verbe.

EXEMPLE : Si je savais comprendre le langage des oiseaux ...

Si je savais comprendre le langage des oiseaux, je n'aurais plus besoin de parler à personne.

Si je savais comprendre le langage des oiseaux, je serais parti il y a longtemps vivre avec eux.

1. Si la standardiste ne répond pas, ...
2. Si Christine a fait la connaissance de cette grande vedette, ...
3. ..., il est probable qu'elle vendra sa maison.
4. ..., vous savez que personne n'est jamais à la fois heureux et méchant.
5. S'il avait perdu sa situation et que personne n'ait voulu le réengager, ...

EXERCICE B

Ecrivez un court paragraphe où vous emploierez une de vos phrases du numéro 3, Exercice A, en lui donnant un contexte raisonnable.

Même exercice pour le numéro 5.

Lorsque SI introduit une proposition interrogative indirecte, il peut être suivi de tous les temps sauf ceux du subjonctif. Cet emploi donne toujours à la phrase le sens sous-entendu de "oui ou non ?"

Dites-moi si vous voudriez venir.
(Voudriez-vous venir ? Oui ou non ?)

Madame Jacobovsky ne sait pas si son mari l'accompagnera aux USA.
(Est-ce que son mari l'accompagnera ? Oui ou non ?)

En arrivant devant la maison vide, je ne pouvais décider si je m'étais trompé ou si on m'avait donné une mauvaise adresse.
(Est-ce que je me suis trompé ? Oui ou non ? M'a-t-on donné la mauvaise adresse ? Oui ou non ?)

EXERCICE C

Ecrivez deux phrases, en changeant les questions en propositions interrogatives indirectes commençant par **si**, et en ajoutant une proposition principale (a) au présent, (b) au passé.

EXEMPLE : Est-ce que ces pêches sont mûres ?
Demandez à la vendeuse si ces pêches sont mûres.
J'ai demandé à la vendeuse si ces pêches étaient mûres.

1. Romy, désire-t-elle se marier pour de bon cette fois ?
2. Est-ce que Janine a grossi visiblement ?
3. Est-ce que je ferai un voyage cet été ?
4. Votre patron, vous aurait-il vraiment renvoyé sans vous en dire la raison ?
5. Est-ce que mon père, qui a le goût difficile, mangera les œufs que vous avez préparés ?

EXERCICE D

Faites deux phrases pour chaque donnée en vous servant des deux usages de **si**, sauf là où ce n'est pas possible.

EXEMPLE : si les cigarettes ont un effet vraiment nocif
Si les cigarettes ont un effet vraiment nocif, je n'en fumerai plus.
Mon médecin, qui fume constamment, se demande si les cigarettes ont un effet vraiment nocif.

1. si ma secrétaire a le temps de taper toutes ces lettres
2. si la Tour Eiffel a été construite en 1889
3. si la Tour Eiffel avait été construite en 1689
4. si Emilie habitera en Norvège l'année prochaine
5. si Patrice serait toujours en vie

(IV.3) SI

    6. si ma mère souffrait
    7. si les postiers faisaient la grève
    8. s'il faudrait donner sa démission
    9. si sa mère souffrirait
    10. si les plantes dans son jardin mouraient

PHRASES MODÈLES

1. Nous aurions souvent honte de nos plus belles actions si le monde voyait tous les motifs qui les produisent.

   FRANÇOIS DE LA ROCHEFOUCAULD, *Réflexions ou Sentences et maximes morales*

   Nous ~~~~~~~~~~~~~~~~~~~~~~~~~~~~~~~~ si ~~~~~~~~~
   ~~~~~~~~~~~~~~~~~~.

2. L'union avec Dieu a beau être étroite, elle ne serait définitive que si elle était totale.

   HENRI BERGSON, *Les Deux Sources de la morale et de la religion*

   ~~~~~~~~~~~~~ a beau être ~~~~~, ~~~ ne serait ~~~~~~ que si ~~~
   était ~~~~~.

3. Si la pauvreté est la mère des crimes, le défaut d'esprit en est le père.

   JEAN DE LA BRUYÈRE, *Caractères*

   Si ~~~~~~ est ~~~~~~~~~~~, ~~~~~~~~~~ en est ~~~~~.

4. On peut se demander si le temps des réformes n'approche pas de sa fin et si, bon gré mal gré, le temps de la re-création ne va pas commencer.

   RENÉ PASCAL, cité dans le *Monde*

   On peut se demander si ~~~~~~~~~~~~~~~~~~~~~~~~~~~~~~~~~
   et si, ~~~~~~.

Alitalia. Aussi puissante qu'à votre avis devrait* l'être une puissante compagnie aérienne.

C'est un fait parfaitement reconnu de ceux qui voyagent beaucoup. Toute compagnie aérienne d'un pays est dite internationale lorsqu'elle vole en dehors de ses frontières.

Il y en a quelques-unes qui font beaucoup plus.

Alitalia par exemple.

Nos lignes font 8 fois le tour du monde avec un réseau de plus de 320000 kilomètres entièrement desservi par des jets et couvrent plus de 100 villes sur 6 continents.

Ce sont des chiffres comme ceux-là qui font d'Alitalia la sixième compagnie au monde.

Alors la prochaine fois que vous volez, pensez puissance et essayez-nous.

FLY **Alitalia**
ITALY'S WORLD AIRLINE

*DEVOIR (IV.4) —*Alitalia*

IV 4 DEVOIR

Les divers temps du verbe DEVOIR donnent lieu à diverses nuances de sens. Les deux catégories de signification les plus notables sont celle de l'obligation et celle de la probabilité.

	OBLIGATION	PROBABILITÉ
Le présent (**JE DOIS**) *indique:*		
une responsabilité morale ou inévitable	Si les lois sont justes, on doit les respecter.	Quoi? Vous avez refusé un voyage gratuit en Europe? Vous devez être fou.
une supposition de la part de celui qui parle	Ceux qui veulent perdre du poids doivent se mettre au régime.	Je suis très empressé de voir le film qu'on a fait de *Fanny Hill.* Il doit être passionnant!
Le passé composé (**J'AI DÛ**) *indique:*		
une obligation précise, reliée à un moment particulier dans le passé	Au cours du mariage de sa fille, on a appelé le docteur Hirsch au téléphone; il a dû partir tout de suite.	Je ne trouve pas mes lunettes de soleil. J'ai dû les laisser chez les Gould hier soir, car il faisait déjà noir quand je suis rentré.
une supposition portant sur un événement passé	L'avocat a posé une question inattendue au témoin, qui a dû répondre sans réfléchir.	La fille de salle est rentrée subitement dans le bar, suivie de près par le patron, qui brandissait un couteau. Les clients ont dû trouver cela bizarre, sinon effrayant.
L'imparfait (**JE DEVAIS**) *indique:*		
une éventualité plus ou moins certaine dans le passé		Nous avons déjeuné à la hâte, car nous devions prendre le train de treize heures dix.
Le futur (**JE DEVRAI**) *indique:*		
une obligation future	Si vous héritez de cinq millions, vous devrez en donner les trois quarts au gouvernement.	

	OBLIGATION	PROBABILITÉ

Le conditionnel (**JE DEVRAIS**)
indique:

une obligation dont d'habitude on ne tient pas compte	Les membres de la Cosa Nostra devraient respecter les lois comme tout le monde.

Le subjonctif (**QUE JE DOIVE**)
indique:

une obligation quelconque	Je déplore qu'on doive toujours dire la verité. Un mensonge est parfois bien moins cruel.

Le conditionnel passé (**J'AURAIS DÛ**)
indique:

une action qu'il aurait été bon d'accomplir, mais qui ne s'est pas produite	Chimène aurait dû épouser Rodrigue dès le premier acte du *Cid* pour nous épargner tous ces vacillements futiles.

EXERCICE A

Ecrivez une phrase originale pour illustrer chacun des usages de **devoir**, selon la table ci-dessus.

EXERCICE B

Complétez la phrase par une forme affirmative ou négative de **devoir**.

1. Ces vieilles femmes... paraître en public en short.
2. S'étant trompé d'adresse, Ben a passé trois heures à la soirée que donnaient nos voisins; il... s'étonner de ne pas nous y voir, car il ne faisait que regarder la porte.
3. Les diabétiques... manger du sucre.
4. Pour leur propre sécurité, ces passagères bavardes... donner des conseils au conducteur.
5. Certains pensent qu'il... y avoir une seule langue pour le monde entier.
6. Au carnaval de Binche en Belgique des citoyens déguisés lancent des milliers d'oranges au nez des spectateurs; ce... être une expérience!
7. Vers la fin de la soirée lorsqu'il ne restait plus de bière, on... boire du vin.

8. Mon grand père refuse de voir qu'il est malade, et pourtant il ... consulter un médecin.
9. La première fois que j'ai dîné à la française, j'ai mangé trop de poisson, ne sachant pas qu'on ... prendre aussi de la viande.
10. Après avoir fait la découverte de l'Amérique, Christophe Colomb ... retourner en Espagne sans rien dire à personne.
11. Le neveu de Rameau a été renvoyé de chez ses protecteurs pour avoir dit la vérité; il ... se taire, ou tout au moins mentir comme d'habitude.
12. Après avoir traversé la Manche à la nage, Florence Chadwick souriait gaiment, mais elle ... être fatiguée.
13. Il ... y avoir d'injustices dans une démocratie.
14. A la dernière minute la Tebaldi est tombée malade et une jeune chanteuse inconnue ... la remplacer.
15. Celui qui ne veut pas se méfier des autres ... d'abord avoir confiance en lui-même.

EXERCICE C

Exprimez autrement les idées suivantes en vous servant du verbe **devoir**.

EXEMPLE: Je connais assez bien les films de Truffaut et le nouveau ne peut pas manquer d'être excellent.

Je connais assez bien les films de Truffaut et le nouveau doit être excellent.

1. Je suppose que mes raisonnements vous semblent mal fondés, mais je ne les ai faits qu'après des années d'expérience et de réflexion.
2. Si on tient à avoir le respect d'autrui, il faut malheureusement trouver une façon de vivre qui ne choque pas.
3. Maintenant que vous avez attrapé ce coup de soleil, vous voyez sans doute que ç'aurait été une bonne idée de mettre un peu de crème solaire.
4. Ce jour-là Roxanne avait été invitée à dîner chez le conseiller culturel de Norvège.
5. La porte principale étant bloquée, on a été obligé de sortir par une autre.
6. Il faut que je l'avoue: je n'ai jamais entendu parler de vous, M. Reverdy.
7. Si Kathy dépense tout le reste de son argent en Grèce, elle sera obligée de revenir aux Etats-Unis sans visiter la Yougoslavie ni la Hongrie.
8. Je te conseille de te maquiller un peu les yeux pour les faire paraître plus grands.

9. Roméo s'est trop pressé d'avaler ce poison. Il aurait mieux valu qu'il attende quelques minutes de plus.
10. Emily Post nous recommande deux bains par jour.

PHRASES MODÈLES

1. Un bon Anglais doit être utile au pays.
   ALFRED DE VIGNY, Chatterton
   ~~~~~~~~~~ doit ~~~~~~~~~~.

2. L'année devrait commencer au printemps.
   <p align="center"><i>L'Express</i></p>
   ~~~~~~ devrait ~~~~~~~~~~~~~~~~.

3. C'est en 1964-65 à Berkeley, qu'est née la première de ces révolutions étudiantes d'un type jusqu'alors inconnu et qui devaient gagner avec rapidité l'ensemble du pays, puis l'Europe et le tiers monde.
   JEAN-FRANÇOIS REVEL, Ni Marx ni Jésus
   C'est en ~~~~~~~ à ~~~~~~~, que ~~~~~~ et qui devaient ~~~~~~~~~ ~~~~~~~~~~~~~~~~~~~~~~~~~, ~~~~~~~~~~~~~~~~~~~~~~~~.

4. Le peu que je sais, c'est à mon ignorance que je le dois.
   SACHA GUITRY, Toutes Réflexions faites
   ~~~~~~~~~~~~~~, c'est à ~~~~~~~~~~~~~ que je le dois.

IV 5) EN, PRONOM

Le pronom EN représente toujours un groupe composé de la préposition DE + un nom désignant une personne, une chose, une idée ou un fait. DE est donc toujours présent, renfermé «invisiblement» dans le pronom.

EN quantitatif. EN quantitatif remplace DE + une chose ou une personne.

Donne-moi encore de ce ragoût. —Je regrette, mais il n'en reste plus.
(**en** = du ragoût)

Autrefois j'étais abonné à beaucoup de revues littéraires, mais à présent je n'en lis que deux, *Evergreen Review* et *Partisan Review*.
(**en** = des revues littéraires)

D'après la Fable, Argos avait cent yeux, mais moi, je n'en ai que trois.
(**en** = des yeux)

La plupart des professeurs sont paresseux, bien sûr, mais j'en connais qui se tuent à travailler pour leurs élèves chéris.
(**en** = des professeurs)

EXERCICE A

Répondez aux questions suivantes par des phrases complètes.

1. Avez-vous des tantes qui veulent toujours vous embrasser?
2. Voyez-vous de l'eau à travers ces arbres?
3. Fumez-vous souvent des cigares?
4. Connaissez-vous beaucoup de vedettes?
5. Votre père, prend-il du sucre dans son café?
6. Combien d'orteils un raton laveur a-t-il?
7. Est-ce que Beethoven a écrit des opéras?
8. Les Juifs mangent-ils du lard?
9. Vend-on des livres dans une bibliothèque?
10. En quelle saison est-ce qu'on peut cueillir du muguet?

EN autre que quantitatif. EN, quand il n'indique pas une quantité, remplace les choses, situations, idées, faits. Il ne remplace jamais une personne. De façon générale, alors, EN remplace :

de + une chose mentionnée (= *de cette chose*)

Je ne peux pas vous prêter ma grande cafetière, parce que je m'en sers moi-même ce soir.
(= Je me sers de ma cafetière.)

Ce drogué se donne des injections d'héroïne tous les jours, pourtant il affirme ne pas en avoir besoin.
(= Il affirme ne pas avoir besoin de ces injections.)

—**de** + un lieu mentionné (= *de là*)

J'ai entendu dire qu'Oslo est une ville assez provinciale. Je vais le demander à mon cousin qui en arrivera bientôt.
(= Mon cousin arrivera d'Oslo.)

J'ai passé toute la matinée au parc. En fait je viens d'en revenir.
(= Je viens de revenir du parc.)

Félix a lu les *Pensées* de Pascal, mais il n'en a rien tiré d'utile.
(= Félix n'a rien tiré d'utile des *Pensées*.)

Levant le pichet, la serveuse en a versé tout ce qui restait du vin.
(= La serveuse a versé le reste du vin du pichet.)

NB: Remarquez les «lieux» un peu figurés des deux derniers exemples.

—**de** + un fait mentionné (= *de cela*)

Félicie est venue en classe toute nue, mais personne ne s'en est étonné, car personne ne l'a remarqué.
(= Personne ne s'est étonné du fait que Félicie est venue en classe toute nue.)

Paolo travaille jour et nuit pour terminer sa dissertation doctorale avant la date limite et il en est visiblement exténué.
(= Paolo s'exténue du fait qu'il travaille jour et nuit.)

«Voulez-vous que je vous aide à gonfler les ballons pour la fête du Nouvel An? J'en serais ravi!»
(= Je serais ravi du fait de pouvoir vous aider.)

«Volontiers. Mais vous en serez aussi essoufflé. Il y en a quatre cents.»
(= Vous serez hors de souffle du fait de gonfler tant de ballons.)

<u>EN est quelquefois une sorte de possessif.</u> On s'en sert pour parler d'un attribut, d'une partie d'une chose.

Près de Tours il y a un château merveilleux. Les murs en sont ornés de tapisseries obscènes.
(**en** = les murs du château sont ornés)

Ce qui nous embête encore plus que la difficulté de ce devoir, c'en est l'inutilité.
(**en** = l'inutilité du devoir)

La chemise du voyou ne valait plus rien: elle était crasseuse, le col manquait, et les manches en étaient toutes déchirées.
(**en** = les manches de la chemise)

EXERCICE B

Faites une phrase originale à propos de la donnée.

EXEMPLE : Ma sœur a peur des films d'horreur.
Ma sœur refuse d'aller voir les films d'horreur, car elle en a peur.

1. Cet avion vient de Londres.
2. Le réfrigérateur est plein de champagne.
3. Je me suis tout de suite aperçu de sa loyauté inébranlable.
4. Les pépins se digèrent difficilement.
5. Nikos est mort d'une pneumonie aiguë.
6. Gargantua est triste d'avoir perdu sa femme, Badebec.
7. Je ne distingue que les tours de cette ville éloignée.
8. On m'a dit que le rez-de chaussée et le troisième étage de cet hôtel avaient été construits au quinzième siècle.
9. Le bouquet de ce vin est extraordinaire.
10. L'éditeur a retranché les chapitres les plus salés de cette œuvre.

EXERCICE C

Ajoutez une ou deux phrases contextuelles à la phrase donnée. Expliquez l'usage de **en**.

EXEMPLE : Elle va s'en occuper.
Il faut envoyer les invitations aujourd'hui.
Alors nous avons donné un coup de fil à Carmen.
Elle va s'en occuper. (= *Elle va s'occuper de l'envoi des invitations.*)

1. Je n'en reviens pas.
2. On n'en voit pas souvent dans cette région.
3. Les vagabonds en avaient cassé toutes les fenêtres.
4. Il s'en réjouit.
5. «Non, merci. Nous en avons déjà assez.»
6. Je m'en doutais.

PHRASES MODÈLES

1. Sur les 238 millions de téléphones existant au monde, il y en a 125 millions aux Etats-Unis.

   GEORGES SUFFERT, dans l'*Express*

   Sur ~~~~~~~~~~~~~~~~~~~~~~~~~~~~~~~~~~, il y en a ~~~~~~~~~
   ~~~~~~~~~~.

2. Les mendiants ne faisaient aucun effort pour masquer le regard silencieux dont ils fixaient Clélie, qui, hâtant le pas, s'en trouvait fortement troublée.

   ROSE DURANT-PAILHAREY, *Le Médecin oriental.*

   ~~~~~~
   ~~~~~~~~~~~~~~~~~~~~~, qui, ~~~~~~~~~~, s'en trouvait ~~~~~~~~~~~~~~.

3. Le château était fermé, on m'en a ouvert les portes.

   FRANÇOIS-RENÉ DE CHATEAUBRIAND, *Mémoires d'Outre-Tombe*

   ~~~~~~~~~~~~~~~~~~~~~~~~, on m'en a ~~~~~~~~~~~~~~~~.

4. Quelles sont les origines de l'antiaméricanisme et quelles en sont les manifestations ?

   JEAN-FRANÇOIS REVEL, *Ni Marx ni Jésus*

   Quelles sont les ~~~~~~~ de ~~~~~~~~~~~~ et quelles en sont les ~~~~~~~~~~~~ ?

IV 6 — À OU DE DEVANT L'INFINITIF

Après les noms.

À devant un infinitif lui donne un sens vaguement passif. «Des choses à faire» signifie des chose à être faites. S'il y a donc dans l'infinitif l'idée de but, de destination, de fonction ou de recommandation, car toutes ces catégories admettent un sens passif (*doit être fait, peut être fait, va être fait*), la préposition sera À.

>J'ai une lettre à écrire.
>>(Cette lettre doit être écrite.)
>
>*Alexandre Nevski* est un film à voir.
>>(La fonction d'un film est d'être vu et un bon film doit être vu.)
>
>Socrate a enseigné des vérités à ne pas oublier.
>>(Si on suit cette recommandation, ces vérités ne seront pas oubliées.)
>
>M. Revêche est un professeur à éviter.
>>(Ce professeur devrait être évité.)

DE devant l'infinitif complète le sens du nom en précisant son caractère particulier.

>J'ai envie de voyager.
>>(Quelle envie? L'envie de prier? de dormir? Non, l'envie de voyager.)
>
>Nous avons le temps d'étudier.
>>(Quel temps? Le temps de nous divertir? Non, le temps d'étudier.)
>
>J'ai l'honneur de vous connaître.
>>(Quel honneur? Celui de vous connaître.)

Comparez :

un ordre à suivre	l'ordre de suivre
Un commandement royal est incontestablement un ordre à suivre (= *un ordre qui doit être suivi*).	Le roi a donné aux soldats l'ordre de suivre le convoi (= *Quel ordre? Celui de suivre*).

Le nom est souvent qualifié par un adjectif, ce qui ne change rien : c'est toujours au nom que doit être relié À ou DE.

>J'ai une lettre importante à écrire.
>
>Socrate a enseigné des vérités profondes à ne pas oublier.

Une réunion Tupperware est si facile à organiser !

La présentation Tupperware peut avoir lieu dans la matinée, l'après-midi ou la soirée. Votre présentatrice Tupperware est une ménagère comme vous ; elle vous aidera à organiser votre réunion. Toutes vos voisines et vos amies seront ravies de pouvoir regarder, toucher toute la collection Tupperware, s'informer des nouveautés ou découvrir de nouvelles utilisations de nos produits.

Demandez à votre présentatrice le dépliant « Suggestions à l'hôtesse ».

*À OU DE DEVANT L'INFINITIF (IV.6) —Dart Europe, S.A.

J'ai une envie folle de voyager.
J'ai l'honneur insigne de vous connaître.

L'adjectif est parfois attribut :

Cette lettre est amusante à écrire.
(C'est toujours la lettre qui doit être écrite.)

Les explications de M. Revêche sont difficiles à comprendre.
(Ses explications ne peuvent pas être facilement comprises.)

EXERCICE A

Faites une phrase pour chaque donnée.

1. un projet à abandonner
2. le projet de vendre
3. le désir pervers de tourmenter
4. un désir pervers à réprimer
5. une bonne habitude à cultiver
6. la mauvaise habitude de ne pas écouter
7. une promesse à tenir
8. la promesse de travailler dur
9. l'idée de voler
10. une idée à contredire

Après les adjectifs.

L'adjectif qualifie un nom. Comme on a vu, c'est le nom qui gouverne la préposition. Il faut remarquer qu'un pronom vient parfois remplacer le nom.

Je vais te donner ce livre. Il est formidable à lire quand on a envie de rire.
(= un livre à lire)

Qui a écrit cette musique? Elle est fatigante à écouter.
(= une musique à écouter)

L'adjectif se trouve dans une expression impersonnelle. Toutes les expressions impersonnelles se construisant en **il est** + adjectif prennent la préposition DE.

Il est nécessaire de faire un effort.
Il est bon de se relaxer.
Il est urgent de répondre à cette lettre.

L'adjectif exprime un sentiment personnel. Les adjectifs affectifs qui précèdent un infinitif sont suivis de DE.

Je suis triste de savoir que vous souffrez.

cinq bonnes raisons d'adorer* les tomates

Sauce, purée, ketchup, jus et tomates pelées ! Cinq savoureuses spécialités Del Monte, la fameuse marque de réputation mondiale. Cinq raisons d'adorer les meilleures tomates, gorgées de soleil, amoureusement préparées pour vous par Del Monte.
Ragoûts, sauces provençales, fondues bourguignonnes, spaghetti milanaise, hamburgers... vous avez le choix. Sans oublier un bon jus de tomate bien épicé. Doublez votre plaisir de savourer vos meilleures recettes aux tomates, toute l'année durant, avec Del Monte.

*À OU DE DEVANT L'INFINITIF (IV.6)—*Del Monte International*

Jacqueline serait heureuse de faire votre connaissance.

Mécontent de voir sa femme faire des bêtises, Mr. Zink l'a ramenée chez eux.

L'adjectif est un participe passé. Un adjectif qui est en même temps participe passé prend la même préposition que le verbe dont il dérive.

Les femmes de chambre sont habituées à travailler dur.
(*habituer à*)

J'ai été fâché d'entendre ces nouvelles.
(*se fâcher de*)

Le chef de notre département sera sans doute invité à présider la conférence de la MLA en décembre.
(*inviter à*)

Il y a deux exceptions importantes : **obligé de, forcé de**
(*obliger à, forcer à*)

Il faut aussi signaler cinq adjectifs communs qui ne se placent dans aucune catégorie : **prêt à, enclin à, capable de, incapable de, susceptible de.**

Après les verbes.

C'est l'usage qui apprend si un verbe est suivi de À ou de DE, il n'y a aucune règle générale. Cependant on peut remarquer que si l'idée de but, de destination, de recommandation, etc., est inhérente au verbe, la préposition sera À (*aspirer à, aboutir à, inviter à*, etc.).

A vrai dire, le seul moyen certain d'employer la bonne préposition, c'est d'apprendre pour chaque verbe s'il prend À ou DE. Référez-vous aux listes données à la fin de la leçon.

EXERCICE B

Complétez les phrases.

1. Il est indispensable...
2. Henriette a été invitée...
3. Ma mère fait une cuisine infecte...
4. Un homme politique est un homme...
5. Les passagers sont priés...
6. *Satyricon* est un film...
7. Il n'est jamais inutile...
8. Je n'ai pas encore eu l'honneur...
9. C'était un spectacle pitoyable...
10. Donnez-moi quelque chose de rafraîchissant...

11. Si vous vous intéressez à la philosophie, Kierkegaard est un auteur...
12. Sur beaucoup d'affiches en France on voit l'avis «Défense...»
13. Francine est lasse...
14. Je crois que nous sommes prêts...
15. ...à trouver.
16. ...de sortir avec vous.
17. Monte Carlo est une ville pittoresque parce qu'il est impossible...
18. Ce fermier a des grains...
19. Ce fermier a des grains qu'il lui sera bientôt nécessaire...
20. Le musée de Cluny est un musée intéressant...
21. Le musée de Cluny est un musée qui serait intéressant...
22. Le musée de Cluny est un musée qu'il serait intéressant...
23. Voilà un pamphlet qu'il serait amusant...
24. Ce pamphlet est amusant...
25. Voilà un pamphlet qui serait amusant...

EXERCICE C

Ecrivez trois phrases pour illustrer l'usage de la donnée après: (1) un nom, (2) un adjectif, (3) un verbe.

EXEMPLE: à faire

Un étudiant a toujours trop de devoirs à faire.

Quand les jeunes gens sont-ils prêts à faire leur service militaire?

Lorsque notre famille part en vacances, ma mère m'oblige toujours à faire moi-même ma valise.

1. à manger
2. de quitter
3. de se taire
4. à confier
5. à tuer
6. de tuer

Verbes qui prennent À devant un infinitif. (La forme pronominale est indiquée, si elle est la plus usuelle.)

aboutir	appeler	assujettir
s'accorder	s'appliquer	s'attendre
accoutumer	apprendre	autoriser
s'acharner	s'apprêter	avoir
aider	arriver	balancer
amener	aspirer	se borner
s'amuser	assigner	chercher

(IV.6) À ou DE *devant l'infinitif*

commencer
se complaire
concourir
condamner
condescendre
conduire
consentir
conspirer
continuer
contraindre
contribuer
convier
décider (inciter)
se décider (prendre une décision)
demander (pour soi-même)
désapprendre
destiner
déterminer
se dévouer
différer (hésiter)
disposer
se divertir
donner
s'efforcer
s'empresser (vouloir avidement)
encourager
engager
enseigner
s'entêter
s'entrainer
s'épuiser
équivaloir

s'évertuer
exceller
exciter
s'exercer
exhorter
se fatiguer (physiquement)
forcer
habituer
s'habituer
se hasarder
hésiter
inciter
incliner
induire
intéresser
inviter
jouer
laisser
mettre
se mettre
obliger
s'obstiner
s'occuper (passer son temps)
s'offrir
s'opiniâtrer
s'opposer
parvenir
peiner
perdre
persévérer
persister
se plaire
se plier

porter
pousser
prédestiner
se prendre
préparer
prétendre (aspirer à)
se prêter
prier (inviter)
provoquer
recommencer
réduire
se refuser
renoncer
se résigner
résoudre (inciter)
réussir
rêver (réfléchir)
se risquer
servir
solliciter
songer
souffrir
se soumettre
stimuler
suffire
tarder
tenir
se tenir
tendre
travailler
se tuer
veiller
viser
vouer

<u>Verbes qui prennent DE devant un infinitif.</u>

s'abstenir
accuser
achever
affecter
il s'agit
ambitionner
s'applaudir
appréhender
arrêter
s'attrister
avertir
s'aviser
blâmer
brûler

cesser
charger
choisir
commander
conjurer
conseiller
se consoler
se contenter
convenir
il convient
craindre
crier
décider (prendre une decision)

dédaigner
défendre
défier
dégoûter
demander (souhaiter d'un autre)
se dépêcher
désespérer
se désoler
dire (ordonner)
dispenser
dissuader
écrire
empêcher

s'empresser (se hâter)	manquer	redouter
enjoindre	méditer	refuser
ennuyer	se mêler	regretter
s'enorgueillir	menacer	se réjouir
enrager	mériter	remercier
entreprendre	se moquer	se repentir
essayer	mourir	reprocher
s'étonner	négliger	résoudre (prendre une
éviter	offrir	décision)
s'excuser	omettre	rire
exempter	ordonner	risquer
se fâcher	oublier	rougir
se fatiguer (s'ennuyer)	pardonner	il sied
feindre	parier	sommer
féliciter	permettre	se soucier
finir	persuader	souffrir
flatter	se piquer	souhaiter (vouloir pour
frémir	plaindre	un autre)
se garder	prescrire	soupçonner
gémir	se presser	se souvenir
se glorifier	présumer	il suffit
gronder	prévenir	suggérer
se hâter	prier (demander)	supplier
imaginer (inventer un	promettre	tâcher
projet)	proposer	il me tarde
s'indigner	protester	tenter
s'inquiéter	punir	trembler
jurer (promettre)	se rappeler (ne pas	se vanter
louer	négliger)	
mander	recommander	

PHRASES MODÈLES

1. Il convient de contraindre les hommes à ne pas paraître ce qu'ils sont.

    GEORGES DUHAMEL, *Querelles de Famille*

    Il ~~~~~ de ~~~~~~~~~~~~ à ~~~~~~~~~~~~~.

2. Le conflit a éclaté dans des circonstances encore difficiles à établir.

    Le Monde

    ~~~~~~~~~~~~~~~~~~~~ encore ~~~~~ à ~~~~~.

3. Le premier pas de la démocratie, c'est la patience de dialoguer, de convaincre, d'agir ensemble.

    JACQUES CHABAN-DELMAS, cité dans le *Monde*

    ~~~~~~~~~~~~~~~~~, c'est ~~~~~ de ~~~~~, de ~~~~~, de ~~~~~.

(IV.6) À *ou* DE *devant l'infinitif* 185

4. La botanique est l'art de déssécher les plantes entre les feuilles de papier brouillard et de les injurier en grec et en latin.
    ALPHONSE KARR

~~~~~~~~~ est l'art de ~~~~~~~~~~~~~~~~~~~~~~~~~~~~~~~~~~~~
~~~~~~~~~ et de ~~~~~~~~~~~~~~~~~~~~~~~~~.

en boîte,*
elle ira partout
la bière qu'il aime...

Au bout du monde, comme au bout du jardin, elle vous suivra, la Kronenbourg-boîte (légère, transportable, incassable).
Ouvrez-la d'un doigt, dégustez-la d'un trait pour retrouver partout le plaisir de votre Kronenbourg.

Kronenbourg boîte

*EN ≠ DANS (IV.7)   —*Brasseries Kronenbourg*

IV 7   EN ≠ DANS

Avec une expression de temps, il y a une distinction entre EN et DANS.

EN indique la durée propre, nécessaire ou suffisante à l'accomplissement d'une action. Il ressemble assez à la préposition *pendant*, bien qu'il en soit rarement l'équivalent.

    Je ferais cet exercice en un quart d'heure.

    On dit que Diderot a écrit ses *Pensées philosophiques* en un week-end, mais ce doit être une exagération.

DANS fixe le temps qui s'écoulera avant qu'une action ne se produise. Il rappelle la préposition *après*, sans en être l'équivalent précis.

    Je ferais cet exercice dans un quart d'heure.

    Qui peut prévoir ce qui se passera dans quarante ans ?

EXERCICE A

Faites des phrases en vous servant des données.

1. en (dans) une minute
2. en (dans) quarante-huit heures
3. en (dans) quinze jours
4. en (dans) une dizaine d'années
5. en (dans) une huitaine de jours

A un substantif commun, DANS donne une force particulière, individuelle, concrète, tandis que EN donne une force générale, collective, abstraite.

    Les Roth, vont faire un voyage dans leur belle voiture neuve.

    Ma grand'mère ne voyage qu'en voiture ou en train.

    Si la nature abhorre le vide, que trouve-t-elle à aimer dans la tête d'un étudiant ?

    L'ivrogne avait en tête d'embrasser toutes les femmes présentes.

NB: En précède immédiatement le substantif sans l'intervention de **le, un, ce,** etc. Il y a pourtant quelques exceptions importantes.

    en l'absence de
    en l'air

Oubliez un instant que NIVEA est une crème blanche *dans une boîte bleue...

Apprenez que NIVEA a maintenant un lait spécialement destiné aux soins de tout votre corps, car, aujourd'hui plus que jamais les parties de votre corps exposées aux intempéries doivent être protégées.
La mode exige que vous ayez des bras, des jambes, des cuisses, des épaules, un décolleté irréprochables.
  NIVEA-milk, liquide et onctueux, s'étend uniformément sur toutes ces grandes surfaces. Rapidement absorbé par la peau, il ne laisse aucune trace visible de gras. Rafraîchissant et agréablement parfumé, il réhydrate aussi votre peau, pour lui conserver beauté, souplesse et jeunesse.
  Repensez à la boîte bleue... Au lait ou à la crème... Et rappelez-vous l'expérience de NIVEA. Peu coûteux, NIVEA-milk est toujours l'ange gardien de votre peau.

*EN ≠ DANS (IV.7) —Société Nivéa, S.A.

(IV.7) EN ≠ DANS

en l'an
en l'espace de
en la présence de
en l'honneur de
en ce moment

EXERCICE B

Faites une phrase avec chaque donnée.

1. en fleur
   dans cette fleur
2. en pantoufles
   dans ses pantoufles
3. en avion
   dans l'avion
4. en partie
   dans cette partie
5. en couleurs
   dans ces couleurs
6. en prison
   dans la prison
7. en boîtes de conserve
   dans ces boîtes de conserve
8. en rêve
   dans ce rêve

<u>On emploie EN devant tout pronom représentant une personne.</u>

J'ai senti s'allumer en moi la même colère qu'éprouvait mon ami.

Pamela est une jeune fille gâtée en qui on trouve réunis tous les mauvais traits de caractère imaginables.

Ma sœur, un peu visionnaire, dit entendre en elle-même des voix qui lui donnent des conseils.

NB: Si, au lieu d'un pronom, on a affaire à un substantif, ou un nom propre, on se sert de **chez**.

Il n'y a aucune tendresse chez les gens qui ont peur de paraître ridicules.

On retrouve chez Diderot un instinct foncier de penser par antithèses.

EXERCICE C

Complétez les phrases au moyen de **en** ou **dans** suivi d'un pronom ou d'une expression de temps.

1. J'aurai fini de manger...
2. On devrait chercher le bonheur...
3. ... elle a tout à fait changé.
4. C'est une grande cuisinière; elle sait préparer un repas superbe...
5. Les hommes, qu'ont-ils... qui leur fait aimer la guerre?
6. Un étudiant de deuxième année aura son diplôme...
7. «D'aujourd'hui en huit» qui signifie «au bout d'une semaine» peut aussi bien s'écrire...
8. Pascal a perçu... un fort besoin d'adorer quelqu'un ou quelque chose.
9. Le prix sera donné à celui qui mangera le plus de crêpes...
10. Il y aura certainement un Lune-Hilton...

PHRASES MODÈLES

1. Le soir tombé sur l'immense Amérique, personne n'a pu compter le nombre de cierges qui s'allumaient en mémoire des morts.

    JACQUES BOETSCH, dans l'*Express*

    ~~~~~~~~~~~~~~~~~~~~~~~~~~~~~, ~~~~~~~~~~~~~~~~~~~~~~
    ~~~~~~~~~~~~~~~~~~~~~~ en mémoire de~~~~~~~.

2. Les hippies, dans leur fier refus de s'habiller comme tout le monde, ont adopté un uniforme.

    JEAN FAYARD, dans le *Figaro*

    Les ~~~~~~, dans leur ~~~~~~~~~~~~~~~~~~~~~~~~~~~~~~~
    ~~~~~~~~~~~~~~~~~~~.

3. En littérature, je distingue deux sortes d'imitateurs.

    PAUL MORAND, *Papiers d'identité*

    En ~~~~~~~~, je ~~~~~~~~~~~~~~~~~~~~~~~~~~~~.

4. Que subsistera-t-il dans vingt ans des Rolling Stones, ces «pierres qui roulent» qui auront amassé plus d' «herbe» que de mousse, plus de fric que d'amis, plus de fans que de femmes?

    DANIELLE HEYMANN, dans l'*Express*

    Que subsistera-t-il dans ~~~~~ ans de~~~~~~~~~~~~~~, ~~~~~~~~~
    ~~~~~~, ~~~~~~~~
    ~~~~~~, ~~~~~~~~~~~~~~~~~~~~~~?

IV 8   LA RESTRICTION

NE... QUE = *seulement*. Le QUE se place devant la chose limitée. Le QUE n'est jamais précédé d'une préposition.

M. Moreau, bon catholique traditionaliste, ne mange que du poisson le vendredi.
(= seulement du poisson, rien d'autre)

Le supermarché de ce quartier catholique ne vend du poisson que le vendredi.
(= seulement le vendredi, pas les autres jours)

Même un homme généreux ne pense qu'à lui-même quand il est en danger de mort.
(= seulement à lui-même, pas aux autres)

Un homme généreux ne pense à lui-même que quand il est en danger de mort.
(= seulement quand il est en danger de mort, jamais à d'autres moments)

Ce mari idiot ne donne que des fleurs à sa femme quand elle est fâchée.
(= des bijoux? des fourrures? Non, seulement des fleurs)

Ce mari idiot ne donne des fleurs à sa femme que lorsqu'elle est fâchée.
(= seulement lorsqu'elle est fâchée, le reste du temps, non)

EXERCICE A

Récrivez la phrase deux fois avec **ne... que**, en variant le placement du **que**. Expliquez la différence de sens.

EXEMPLE : Ma mère prend du café le matin.

Ma mère ne prend que du café le matin.
(= seulement du café, jamais autre chose)

Ma mère ne prend du café que le matin.
(= seulement le matin, le reste de la journée, non)

1. Les lions romains ont mangé de pieux chrétiens dans le Colisée.
2. De la civilisation celte en France il subsiste aujourd'hui d' imposantes ruines en Bretagne.
3. L'amnésique se souvenait de sa famille par moments.

4. Ma grand'mère lit la Bible le dimanche.
5. Les meilleures endives poussent en Belgique en automne.
6. J'ai le temps de me raser avant le petit déjeuner.
7. Cet enfant gâté veut jouer avec ce qu'on lui donne à manger.
8. Helga a aimé Jurgen avant leur mariage.

NE...PAS QUE = *non seulement*. C'est exactement la négation, le contraire de NE...QUE.

Il n'y a pas que M. Moreau qui est bon catholique; il y a aussi M. Larue.
(= Il y a non seulement M. Moreau, mais aussi M. Larue)

Notre boucher ne vend pas que de la viande.
(= Il vend non seulement de la viande, mais aussi des conserves, des épices.)

Hindemith ne jouait pas que de l'alto.
(= Il jouait non seulement de l'alto, mais d'autres instruments aussi.)

EXERCICE B

En vous servant de **ne...que** ou de **ne...pas que**, exprimez les idées suivantes.

EXEMPLE : Un manchot a seulement un bras.
Un manchot n'a qu'un bras.

1. Les hommes se font la guerre seulement parce qu'ils ne se comprennent pas.
2. *Roméo et Juliette* est non seulement une histoire d'amour ; c'est aussi une histoire de guerre.
3. J'aime faire du ski au printemps seulement.
4. On dit que Louis XIV s'est baigné deux fois dans sa vie, et c'est tout.
5. Rachmaninov n'a pas écrit seulement pour le piano.
6. Polyphème avait un œil, un seul.
7. Il n'y a pas seulement des anges qui habitent le paradis.
8. *Les Gommes* de Robbe-Grillet est plus qu'un simple roman-policier.
9. Frieda veut se marier uniquement pour échapper à la surveillance continuelle de son père.
10. On profite de la lecture en relisant, c'est le seul moyen !

NE FAIRE QUE = *seulement* quand il s'agit d'une action.

Le petit n'a pas touché aux ornements sur l'arbre de Noël, il n'a fait que les regarder.
(= Il les a regardés seulement.)

(IV.8) *La restriction*

Ce n'était pas mon intention de vous offusquer; je ne faisais que vous dire ma pensée.
(= Je vous disais seulement ma pensée.)

La plupart des garagistes ne font que duper les gens.
(= Ils ne font pas autre chose que de duper les gens.)

SEUL = *seulement* au début d'une proposition. Il qualifie presque toujours le sujet.

Seul l'amour peut guérir tous les maux.
(= l'amour seulement)

Seuls les juifs libéraux se permettent de manger du porc.
(= les juifs libéraux seulement)

Seules les femmes d'un certain âge sont susceptibles de prendre au sérieux les flagorneries d'un gigolo.
(= les femmes d'un certain âge seulement)

EXERCICE C

Terminez la phrase.

1. Seuls les enfants bien élevés...
2. Raoul ne s'est pas présenté en personne; il n'a fait...
3. Cet ascète zélé ne fait...
4. Il n'y a pas que des hippies qui...
5. Seuls les serpents venimeux...
6. Ce snack-bar ne sert que...
7. Il n'y a pas que les amants qui...
8. Seule la pénicilline...
9. Le samedi, les bureaux de poste ne sont ouverts que...
10. Yvonne est très occupée; elle ne fait...
11. Seule une révolution...
12. Ce gros chat ne bouge pas; il ne fait...
13. Ce charlatan ne m'a rien donné; il n'a fait...
14. Un dromadaire n'a que...
15. Un borgne ne voit que...

EXERCICE D

Ecrivez quelques phrases pour décrire et différencier les données.

1. Une licorne; un yack
2. Les Cyclopes; les hommes

3. Un éphémère; une mouche
4. Le drapeau du Libéria; le drapeau des Etats-Unis
5. Un octogénaire; un sexagénaire

PHRASES MODÈLES

1. Les paix ne sont jamais que les fragiles sous-produits des armistices.

    Robert Escarpit, dans le *Monde*

    Les ⁓⁓ ne sont jamais que les ⁓⁓⁓⁓⁓⁓⁓⁓⁓⁓⁓⁓⁓⁓⁓.

2. Ce n'est pas que l'éducation des enfants, c'est celle des poètes qui se fait à coups de gifles.

    Marcel Proust, *Le Temps retrouvé*

    Ce n'est pas que ⁓⁓⁓⁓ des⁓⁓⁓⁓, c'est celle des⁓⁓⁓⁓ qui ⁓⁓⁓ ⁓⁓⁓⁓⁓⁓.

3. La pauvre enfant ne faisait que descendre de sa chambre et y remonter.

    Alfred de Musset, *Margot*

    ⁓⁓⁓⁓⁓⁓⁓ ne faisait que ⁓⁓⁓⁓⁓⁓⁓⁓⁓⁓ et ⁓⁓⁓⁓.

4. Seuls les yeux distraits ou trop faibles ne distinguent pas les feux de ces buissons ardents.

    Maurice Barrès, *La Colline inspirée*

    Seuls les ⁓⁓⁓⁓⁓⁓ ou ⁓⁓⁓⁓⁓⁓⁓⁓⁓⁓⁓⁓⁓⁓⁓⁓⁓⁓⁓.

IV 9   LE SUBJONCTIF ≠ L'INDICATIF

Dans certains cas, aucun élément structurel n'impose l'usage du subjonctif, qui s'emploie tout de même en raison d'une nuance de pensée qu'on veut donner à la phrase. Par conséquent là où les deux modes sont possibles, l'indicatif affirme tandis que le subjonctif affaiblit la certitude, la vérité, la probabilité d'un fait. Vous mettrez, donc, ou le subjonctif ou l'indicatif, selon votre façon d'envisager le fait en question.

—S'agit-il d'une réalité certaine, indéniable ?
Employez L'INDICATIF.

—S'agit-il d'une réalité discutable, contestable ?
Employez LE SUBJONCTIF.

Il y a cinq cas communs :

1. Après une proposition interrogative ou négative.

    David a dit qu'il voulait entrer dans l'armée.
    —Est-ce vrai qu'il ait dit cela !
        (= Vraiment ? Est-il possible qu'il l'ait dit ?)

    —Est-ce vrai qu'il a dit cela !
        (= Impossible ! Je sais très bien qu'il ne l'a pas dit.)

    Il n'y a aucun choix qu'on puisse faire sans prendre comme point de départ son propre caractère.
        (= Il semble que ce soit vrai, mais y a-t-il peut-être des exceptions ?)

    Il n'y a aucun choix qu'on peut faire sans prendre comme point de départ son propre caractère.
        (= J'affirme catégoriquement que c'est vrai.)

2. Après un superlatif.

    A la Recherche du temps perdu est le plus grand roman qu'on ait jamais écrit.
        (= Je laisse la possibilité qu'on en trouve un autre plus grand.)

    A la Recherche du temps perdu est le plus grand roman qu'on a jamais écrit.
        (= Je crois impossible qu'on en trouve un autre plus grand.)

    Fumer, c'est la plus mauvaise habitude qu'on puisse avoir.
        (= J'admets l'existence possible d'autres habitudes aussi mauvaises.)

Fumer, c'est la plus mauvaise habitude qu'on peut avoir.
(= Il n'y a pas de plus mauvaise habitude, j'en suis fermement persuadé.)

3. Après les «restrictifs» : **seul, premier, dernier** et leurs équivalents.

La seule fois que j'aie éprouvé le coup de foudre, j'avais quatorze ans.
(= Si j'ai éprouvé le coud de foudre, ç'a été alors. Mais était-ce vraiment le coup de foudre ?

La seule fois que j'ai éprouvé le coup de foudre, j'avais quatorze ans.
(= J'ai éprouvé le coup de foudre à ce moment-là, je l'ai reconnu pour tel, et ç'a été l'unique fois.)

Respirer, c'est le premier crime qu'on soit obligé de commettre.
(= Tout en étant assez pessimiste, j'admets que l'idée soit discutable.)

Respirer, c'est le premier crime qu'on est obligé de commettre.
(= Etant tout à fait cynique, j'avance cette idée sans réserve.)

4. Lorsqu'il s'agit d'une personne ou d'une chose hypothétique.

Nous cherchons une secrétaire qui fasse bien le café.
(= Est-ce qu'une telle femme existe ? Nous l'espérons, mais...)

Nous cherchons une secrétaire qui fait bien le café.
(= Faire bien le café, c'est la première chose que nous exigeons de cette femme qui doit sûrement exister.)

Y a-t-il un poème qui vous émeuve ?
(= Est-ce qu'un tel poème existe ? Etes-vous même sensible à la poésie ?)

Y a-t-il un poème qui vous émeut ?
(= Connaissez-vous tout simplement un poème émouvant, comme il y en a beaucoup ?)

5. Après **je ne crois pas, je ne pense pas**.

Je ne crois pas que Dieu ait créé le monde.
(= L'exposé biblique de la création me paraît douteux.)

Je ne crois pas que Dieu a créé le monde.
(= Je rejette absolument l'exposé biblique de la création.)

Certains critiques ne pensent pas que Rabelais ait écrit le *Cinquième Livre*.
(= Il ne leur semble pas que Rabelais en soit l'auteur.)

Certains critiques ne pensent pas que Rabelais a écrit le *Cinquième Livre*.
(= Ils s'opposent à l'idée que Rabelais en est l'auteur.)

NB: Lorsque vous ne pouvez pas faire un choix décisif entre les deux modes, mieux vaut employer le subjonctif.

EXERCICE A

Terminez la phrase. Expliquez l'usage du subjonctif ou de l'indicatif.

EXEMPLE :   Le silence est la réponse la moins convaincante que...

> *Le silence est la réponse la moins convaincante qu'on puisse donner à une accusation.*
>
> (= *Une réponse encore moins convaincante est peut-être concevable.*)

1. Je voudrais connaître un homme qui...
2. Nietzsche est le penseur le plus déconcertant que...
3. Il n'y a nulle vérité à laquelle...
4. Il n'y a qu'un fou qui...
5. Assigner à la femme une position sociale inférieure à celle de l'homme, ce n'est pas dire que...
6. *La Chanson de Roland* est la première épopée que...
7. Il n'y a rien qui...
8. Je voudrais lire un livre qui...
9. C'est la seule fois de ma vie que...
10. La vitamine C est la meilleure préventive que...
11. Les faits scabreux sont les seuls dont...
12. Y a-t-il jamais eu un homme de génie qui...
13. Sur la Côte d'Azur en été il n'y a pas une seule plage qui...
14. Il faudrait rester enfant ; c'est l'unique occasion que...
15. Le chant du coq est le premier son que...

EXERCICE B

Ecrivez une phrase donnant votre opinion (**je ne crois pas, je ne pense pas**) sur le sujet indiqué. Expliquez l'usage du subjonctif ou de l'indicatif.

EXEMPLE :   le marquis de Sade

> *Je ne crois pas que le marquis de Sade ait été aussi fou qu'on le dit.*
> (= *Je doute qu'il l'ait été, mais qui sait?*)

1. Jésus
2. Le roi Arthur
3. Les cyclamates
4. La libido
5. La science
6. Les tarantules
7. L'égalité
8. Les morts
9. Les races
10. L'astrologie

EXERCICE C

Changez le mode de vos phrases de l'Exercice B. Expliquez les différences qui en résultent.

EXERCICE D

En vous basant sur votre expérience personnelle, écrivez sur un des sujets donnés deux ou trois paragraphes dans lesquels vous exploiterez ingénieusement la matière de la leçon.

1. Un mauvais professeur
2. Une personne qui vous comprend bien
3. Une mauvaise cuisinière
4. Une personne à qui vous n'aimeriez pas ressembler

PHRASES MODÈLES

1. Je ne pense pas qu'on puisse donner une idée plus juste de l'ostentation qu'en disant que c'est dans l'homme une passion de faire montre d'un bien ou des avantages qu'il n'a pas.

    Jean de la Bruyère, *Caractères de Théophraste*

    Je ne pense pas qu'on puisse donner une idée plus juste de ~~~~~~ qu'en disant que c'est ~~~~~~ ~~~~~~.

2. La plus grande force dont puisse disposer l'humanité est la non-violence. Elle est plus puissante que la plus puissante des armes de destruction élaborée par l'intelligence de l'homme.

    Mohandas K. Gandhi

    ~~~ plus ~~~~~~ dont puisse ~~~~~~ est ~~~~~~. ~~~~~~.

3. On fait apprendre les fables de La Fontaine à tous les enfants, et il n'y en a pas un seul qui les entende.

    Jean-Jacques Rousseau, *Emile*

    On ~~~~~~ à ~~~~~~, et il n'y en a pas un seul qui ~~~~~~.

4. Il n'y a rien qui soit plus menaçant que le bonheur, et chaque baiser qu'on donne peut éveiller un ennemi.

    Maurice Mæterlinck, *Aglavaine et Sélysette*

    Il n'y a rien qui soit plus ~~~~~~ que ~~~~~~, et ~~~~~~ ~~~~~~.

IV 10   LA COULEUR ET LA TAILLE

Les principaux adjectifs de couleur sont :

Variable   *Invariable*
rouge   cerise
écarlate   grenat
cramoisi (-e)   orange
vermeil (-le)   citron
roux (rousse)   ocre
fauve   safran
rose   olive
bleu (-e)   kaki
violet (-te)   marron
pourpre   marine
jaune   crème
doré (-e)   turquoise
vert (-e)   café
brun (-e)   chocolat
châtain (-e)   fraise
beige   framboise
gris (-e)
blanc (blanche)
noir (-e)

L'adjectif invariable suit l'adjectif variable qu'il modifie.

    rouge framboise
    vert olive
    jaune citron

Tous les adjectifs de couleur suivent le nom auquel ils se rapportent. Ceux de la première liste s'accordent avec ce nom. Ceux de la seconde (remarquez que tous sont des objets concrets) restent invariables.

    une chemise verte   une chemise kaki
    des gants jaunes   des gants citron
    des chaussures brunes   des chaussures marron

Un adjectif de couleur composé de plus d'un mot est toujours invariable. C'est le cas de ceux qui contiennent un nom ou des précisions de nuance, telles que **foncé, clair,** etc.

    une chemise vert pomme   une blouse rose clair
    dex yeux bleu ciel   des gants vert foncé
                                      deux tailleurs bleu marine

Les adjectifs de couleur peuvent s'employer comme substantifs; ils sont tous masculins.

    Le pourpre est la couleur des rois.
    Un homme viril n'aime pas le rose.

Les nuances imprécises d'une couleur sont souvent exprimées par un nom de couleur + un adjectif introduits par **de.**

    une blouse d'un rose clair
    des murs d'un orange vif

L'expression **couleur de** sert à établir une comparaison.

    un ciel couleur de mer
    des bas couleur de chair

Le suffixe **-âtre** ajoute à l'adjectif de couleur une nuance approximative ou péjorative.

    une fumée bleuâtre
    des dents jaunâtres

EXERCICE A

Qualifiez le nom en ajoutant un adjectif de couleur (1) variable, (2) invariable, (3) composé, (4) approximatif, (5) nuancé.

    EXEMPLE: une robe

        une robe verte
        une robe grenat
        une robe bleu marine
        une robe rougeâtre
        une robe d'un violet foncé

1. une couverture
2. des tapis
3. deux fauteuils
4. plusieurs divans
5. des abat-jour
6. des tentures

7. des coussins
8. des rideaux

EXERCICE B

Décrivez un foyer d'hôtel décoré avec le plus mauvais goût possible, en vous servant des éléments de l'exercice précédent ou d'autres.

La taille des choses est exprimée au moyen de la préposition **de** + un nom (*long, large, profondeur, haut, épaisseur*).

    Cette ficelle a deux mètres de long.

    Certains exemplaires de la Bible ont plus de quinze centimètres d'épaisseur.

    Fanny est tombée dans un puits de 90 mètres de profondeur.

La mesure exacte peut aussi s'exprimer au moyen d'un adjectif + **de**.

    Cette ficelle est longue de deux mètres.

    Mon exemplaire de la Bible est épais de seize centimètres.

La taille des personnes est exprimée en adjectifs : *petit, grand*, ou en noms : *de petite taille, de grande taille, de taille moyenne.*

    Zachée était trop petit pour voir Jésus à travers la foule.

    Zachée était de petite taille ; il a grimpé sur un arbre pour voir Jésus.

    Si on n'est ni petit ni grand, on est de taille moyenne.

Voici une petite table d'équivalences métriques :

Mesure métrique	Équivalence approximative	Équivalence exacte
1 litre	2 pints	1.76 pints
1 kilogramme	2 pounds	2.204 pounds
1 centimètre	2/5 inch	.393 inch
1 mètre	1 yard	1.0936 yards
1 kilomètre	1/2 mile	.6 mile
1 hectare	2 1/2 acres	2.47 acres

EXERCICE C

Répondez à la question par une phrase complète et en employant des mesures métriques.

1. Quelle est la hauteur de la tour Eiffel ?
2. Quelle est la longueur du Mississippi ?
3. Quelles sont les dimensions d'un terrain de football ?
4. Quelle est la profondeur d'une piscine typique à chacune de ses extrémités ?

5. Quelle sont les dimensions d'une pochette de disque? D'une carte postale?
6. Quel est le plein d'essence de votre voiture?
7. Qu'est-ce que vous mesurez? Et qu'est-ce que vous pesez?
8. Quelles sont les dimensions d'un paquet de cigarettes?
9. D'un carton de lait?
10. Du *Petit Larousse?* Et quel est son poid?

EXERCICE D

Décrivez quant à la couleur et à la taille:

1. le drapeau des Etats-Unis
2. un tube de dentifrice
3. un zèbre
4. une bouteille de champagne
5. votre campus avec ses bâtiments, ses arbres, etc.
6. le Grand Canyon

PHRASES MODÈLES

1. En automne, la colline est bleue sous un ciel ardoisé, dans une atmosphère pénétrée par une douce lumière d'un jaune mirabelle.

    Maurice Barrès, *La Colline inspirée*

    ~~~~~~~~~~ est ~~~~~~~~~~, ~~~~~~~~~~
    ~~~~~~~~~~ d'un ~~~~~~~~~~.

2. Climbing Michèle Meilland, rose clair, est un arbuste vigoureux et très florifère, de même que Talisman, jaune teinté de rouge écarlate.

    René Bossard, dans *La Maison Française*

    ~~~~~~~~~~, ~~~~~~, est ~~~~~~~~~~
    ~~~~~~, de même que ~~~~~~, ~~~~~~~~~~.

3. Un grand monsieur apparaît à la fenêtre, vêtu d'une redingote couleur de mastic.

    Sophie Joubert, *La Plaie*

    Un grand ~~~~~~~~~~, vêtu de ~~~~~~ couleur de ~~~~~~.

4. La tourelle où on tenait Lucie enfermée avait à peine deux mètres de haut.

    Régine Seghers, *Terre d'ombre*

    ~~~~~~~~~~ avait ~~~~~~~~ de ~~~~.

V
cinquième partie

V 1 QUELQUE

<u>QUELQUE, singulier, signifie **un**</u>, en insistant sur le vague, le nondéterminé.

Après avoir marché quelque temps, les prospecteurs ont trouvé l'entrée de la vieille mine.
(= on ne sait pas combien de temps)

Les paysans jouaient une musique qui semblait remonter à quelque époque lointaine.
(= on ne sait pas quelle époque)

Willa s'est réveillée avec deux enflures à la gorge comme si quelque animal sauvage l'avait mordue pendant la nuit.
(= on ne sait pas quel animal)

NB : QUELQU' n'existe que dans **quelqu'un, quelqu'une**.

<u>QUELQUES, pluriel, signifie **des**</u>, mais avec une nuance plus précise = plusieurs, un petit nombre de.

Comme je m'en allais vers St Ives, j'ai rencontré quelques voyageurs.
(= plusieurs voyageurs)

Margot n'a pas encore trouvé de situation, ses enfants crèvent de faim, et il ne lui reste que quelques sous.
(= un petit nombre de sous)

Avant de se mettre à jouer, le pianiste a fait quelques gammes.
(= un certain nombre de gammes : trois ? quatre ?)

EXERCICE A

Nuancez la phrase en la récrivant avec **quelque** ou **quelques**.

EXEMPLE : Hans est entré, rouge de froid, des flocons de neige dans les cheveux.

Hans est rentré, rouge de froid, quelques flocons de neige dans les cheveux.

1. On dirait que cette femme excentrique est sortie d'un roman d'aventures.
2. Cette petite a autant de sens moral qu'un criminel endurci.
3. Le missionnaire nous a raconté des anecdotes incroyables sur la vie au Congo.

4. Soudain une paix profonde a rempli la salle comme la présence invisible d'un visiteur céleste.
5. Vous avez certainement des amis en qui vous avez confiance.
6. Aimé était beau, fier, hardi, comme le héros d'une épopée médiévale.
7. Après avoir échangé des regards tendres et pleins d'émotion, les amants se sont jetés au fond du précipice.
8. J'ai toujours mal à la tête bien que j'aie pris des cachets d'aspirine.
9. Le vagabond a ouvert sa besace dont il a tiré un bout de pain, un morceau de fromage et des œufs durs.
10. Le silence était rompu de temps à autre par le hurlement d'un chien égaré dans la nuit.

QUELQUE... QUE marque un manque d'importance et est suivi du subjonctif.
L'expression peut se compléter par un nom, par un adjectif, ou par un adverbe.

Quelque décision qu'on prenne, il y a toujours un membre du club qui n'est pas d'accord.

(= peu importe quelle décision)

Quelque intelligent que soit votre psychiatre, il ne saura jamais résoudre tous vos problèmes.

(= Votre psychiatre peut être intelligent, mais cela ne fait rien.)

Quelque faciles que soient ses devoirs, Bruno semble incapable de les faire.

(= Peu importe à quel point ses devoirs sont faciles.)

Quelque soigneusement que je fasse mon travail, il n'est jamais sans fautes.

(= Les soins que je prends ne font rien.)

Si l'expression se complète par un nom pluriel, QUELQUE prend un S.

Quelques efforts que fasse Eugène, il échoue à tout.

Lorsque le verbe est être et que la proposition ne comporte pas d'adjectif descriptif, QUELQUE... QUE devient QUEL QUE + être + un nom. Il y a un accord entre QUEL et le nom.

Quels que soient ses efforts, Eugène échoue à tout.

Quelle que soit l'heure, j'ai faim et je vais manger.

EXERCICE B

Reprenez la phrase en remplaçant **quelque... que** par **quel que** et vice-versa.

EXEMPLE: Quelque long que soit le passage, Julien peut l'apprendre par cœur en quelques heures.

> *Quelle que soit la longueur du passage, Julien peut l'apprendre par cœur en quelques heures.*

1. Quelque intelligents que soient tes chiens, ils n'obéissent pas quand tu n'es pas là.
2. Quelle que soit sa gentillesse pour ses amis, Simon traite très mal sa femme.
3. Quelque qualifiée que vous soyez, mademoiselle, on regrette de ne pouvoir vous engager.
4. Quelque belle que soit cette actrice, elle joue comme une cloche.
5. Quelle que soit la grandeur du mur, Heinrich n'hésite pas à l'escalader.
6. Quelque tranquille que soit le paysage, il y a toujours une violence muette, insaisissable qui flotte dans l'air.
7. Quelle que soit l'éclat du soleil, on peut le regarder si on a les lunettes qu'il faut.
8. Quelque noir que soit le cœur de Roxanne, je ne l'aurais jamais crue capable de tuer un bel homme.
9. Quelque fort que soit le géant, David gagnera à force de ruse.
10. Quel que soit notre aveuglement, il n'est jamais trop tard pour ouvrir nos yeux à la lumière.

EXERCICE C

Faites une phrase à partir de la donnée.

EXEMPLE : Quelque grand que

> *Quelque grand que paraisse cet auteur, il faut le reconnaître pour l'écrivassier qu'il est.*

1. Quelque gentille que
2. Quelle que
3. Quelque patience que
4. Quelque habilement que
5. Quelques excuses que
6. Quelque ridicule que
7. Quelque distance que
8. Quelque vite que
9. Quels que
10. Quelque méchant que
11. Quelque méchanceté que
12. Quelles que
13. Quelques dangers que

14. Quelque vertueuse que
15. Quelques vertus que

Semblables à QUELQUE... QUE sont :

QUI QUE (La personne n'importe pas.)

Qui que vous consultiez vous dira la même chose, madame, vous êtes hypocondriaque et en parfaite santé.

QUOI QUE (La chose n'importe pas.)

Quoi qu'elle fasse, Phèdre ne parvient pas à se faire aimer d'Hippolyte.

OÙ QUE (L'endroit n'importe pas.)

Où qu'on aille, on ne laisse jamais derrière soi son caractère.

EXERCICE D

Terminez la phrase. Servez-vous du verbe donné.

EXEMPLE : Quoi que je... (faire)

Quoi que je fasse, je n'arrive jamais nulle part à l'heure.

1. Qui que vous... (être)
2. Où que je... (se trouver)
3. Quoi qu'il... (décider)
4. Quelque honnête que... (sembler)
5. Quoi qu'elle... (dire)
6. Où qu'on... (s'asseoir)
7. Quoi que nous... (croire)
8. Quelque silencieusement que... (marcher)
9. Qui qu'on... (aimer)
10. Quoi que vous... (penser)

PHRASES MODÈLES

1. Depuis quelque temps, des chefs militaires soviétiques rendent hommage à Staline.

    Le Monde

    Depuis quelque temps, ~~~~~~~~~~~~~~~~~~~~~~~~~~~~ ~~~~~~.

(V.1) QUELQUE   209

2. Qui sait pourtant si quelque part, dans quelque chambre un jeune homme solitaire en ce moment même n'a pas décidé de se livrer, corps et âme, à ce vice anachronique: écrire.

    DOMINIQUE JAMET, dans le *Figaro Littéraire*

    Qui sait pourtant si quelque part, dans quelque ~~~~~~~~~~~~~~~~~~
    ~~~~~~~ en ce moment même n'a pas décidé de ~~~~~~, ~~~~~~~~
    ~~~~~~~~~~~~~~~~~~~~~~~~~~.

3. Quelque prétexte que nous donnions à nos afflictions, ce n'est souvent que l'intérêt et la vanité qui les causent.

    FRANÇOIS DE LA ROCHEFOUCAULD, *Réflexions ou Sentences et Maximes morales*

    Quelque ~~~~~~~ que nous ~~~~~~~~~~~~~~~~~~~~, ce n'est souvent que ~~~~~~~~~~~~~~~~~~~~~~~~~~~~~.

4. Quel qu'en soit le prix, nous poursuivrons notre lutte pour retourner en Palestine.

    GEORGES HABACHE, cité dans l'*Express*

    Quel qu'en soit le ~~~, ~~~~~~~~~~~~~~~~~~~~~~~~~~~~~~~~~~~~~~
    ~~~~~~~.

8 h du matin Porte Maillot

- Monsieur, vous venez juste de vous raser ?
- Oui, il y a moins d'une heure...

- Voulez-vous faire un essai ? Rasez-vous une deuxième fois avec le nouveau Philips 3 têtes.

- Très bien.

- Stop. Et maintenant, regardez...

- Voyez vous-même, le nouveau Philips a encore trouvé de la barbe.

- C'est vrai.

Pourtant, je m'étais rasé de près...

Nous avons fait cette expérience de nombreuses fois en présence d'un huissier. Vous pouvez la voir à la télévision. Nous avons arrêté dans la rue, le matin, des hommes qui venaient de se raser. Nous leur avons demandé de se raser une deuxième fois. Ils ont accepté et le nouveau Philips 3 têtes a réussi à trouver encore de la barbe. Les trois têtes ultrafines du nouveau Philips sont si minces qu'elles vont chercher la barbe à fleur de peau.

PHILIPS

Philips "Luxe" 159 F

Philips "Spécial" 125 F

Philips "Universel" fonctionnant sur ses propres accus ou sur secteur 229 F

Demandez à votre revendeur Philips le mini-catalogue "Rasoirs" Philips

Quand les autres rasoirs abandonnent, le nouveau Philips, lui,* trouve encore de la barbe.

*MOI, PRONOM ACCENTUÉ (V.2) —Philips Cie, S.A.

210

MOI, PRONOM ACCENTUÉ

MOI, NOUS, TOI, VOUS, LUI, EUX, ELLE, ELLES sont des pronoms accentués. Ils occupent une position marquée, accentuée, distincte dans la phrase. On s'en sert :

—après toutes les prépositions.

Treize démons ont surgi pour voler autour de Saint Antoine; treize autres sont venus s'asseoir à côté de lui.

Si tu veux être vite servi à la Tour d'Argent, viens avec moi, on m'y connaît.

L'enfant prodigue avait tout à fait oublié ses parents; il ne pensait plus jamais à eux.

—aprés **c'est**. Remarquez l'accord d'un verbe venant après le pronom + **qui**.

Sais-tu qui est le type le plus malin de notre quartier? Eh bien, c'est moi.

Mon petit frère a été puni pour avoir mis des souris dans le frigo, et pourtant, c'est nous qui l'avions fait.

«Quoi? Lewis a été pris par les chasseurs de tête?»
«Mais pourquoi cette surprise? C'est vous qui me l'avez appris.»

—pour intensifier un pronom non-accentué.

Je suis content de mon lot. —Je ne le suis pas, moi.

Les voisins ont planté des fleurs; mais nous, nous avons planté des légumes.

Ta sœur peut m'écrire autant qu'elle voudra; je ne lui écrirai jamais à elle.

—pour marquer un élément-pronom d'un sujet multiple. Remarquez qu'on n'a pas besoin de reprendre les divers éléments pour les résumer en un seul pronom-sujet.

Maurice et moi avons décidé de voler quelque chose pour en faire l'expérience.

Je suis arrivé chez les Paquette, impatient de voir Nathalie et Senta. Mais leur frère et elles étaient déjà partis.

Bonnie, écoute, toi et C.W. resterez dans la voiture.

EXERCICE A

Faites une phrase en vous servant de la donnée.

    EXEMPLE: de moi

        La serveuse ne s'est pas souvenue de moi, malgré le fait que je fréquente ce restaurant depuis des années.

1. avec nous
2. c'est vous qui
3. Frédéric et moi
4. ce n'est pas moi qui
5. au milieu d'eux
6. à vous
7. moi, je
8. ce sont elles qui
9. sans lui
10. Rosalie, toi et moi
11. en face de vous
12. autour d'elle
13. nous, nous
14. trois autres que tu choisiras et toi
15. de toi et de moi
16. à lui
17. devant vous
18. au-dessus d'eux
19. ce ne sera jamais lui
20. entre vous et eux

MOI et TOI remplacent me et te à la fin d'une proposition impérative.

    Assieds-toi, Hélène, j'ai de mauvaises nouvelles.

    Tu sais que tu ne dois pas jouer avec des allumettes. Donne-les-moi.

    Si vous ne savez pas me guérir, docteur, dites-le-moi franchement.

LUI et EUX remplacent il et ils quand les actions faites par ceux-ci sont comparées avec les actions d'un autre.

    Je suis allé voir un mauvais film avec mon père. J'ai voulu partir, mais lui tenait à rester.

    Hugo et Sylvie étaient trop bien habillés pour la barbecue: elle avait mis sa plus belle robe et lui était en smoking.

    Nous voudrions bien faire la paix avec nos ennemis, mais eux s'y opposent.

EXERCICE B

Intensifiez le pronom de deux façons différentes.

EXEMPLE : J'ai apporté cette bière.
Moi, j'ai apporté cette bière.
C'est moi qui ai apporté cette bière.

1. Deux furets ont été vus sur la route ce matin; ils ont tué vos poules.
2. Elizabeth pleurait de joie, elle avait gagné l' «Oscar».
3. Malgré son déguisement, l'assassin vient d'être arrêté; nous l'avons reconnu.
4. Les notes ont été affichées; tu as la meilleure.
5. Roger a eu deux pneus crevés ce matin; il les a réparés.
6. Vous ne devriez pas vous plaindre de la soirée; vous avez tout arrangé.
7. Où est-ce que Gloria et Isabelle ont trouvé ces merveilleux hors-d'œuvre ? Elles les ont faits.
8. Je trouve ce crime génial; je l'ai commis.
9. Milt nous assure qu'il y aura assez de chaises; il en sera responsable.
10. Le club a besoin d'un réfrigérateur; nous en trouverons un.

EXERCICE C

Exprimez les idées suivantes en vous servant d'un pronom accentué.

1. Hermione aime Pyrrhus, mais Pyrrhus aime Andromaque.
2. Hé, toi! Debout!
3. Reggie et Gillian sont à la plage de Brighton. Gillian est allongée au soleil, Reggie se baigne dans la mer.
4. Barry n'est pas allé avec nous au concert, et pourtant, Barry a fait la queue pour avoir les billets.
5. Devant les soldats, une rivière infranchissable, derrière les soldats, les rangs de l'ennemi.
6. Nous n'avons pas de piscine comme les voisins; nous sommes pauvres, les voisins sont riches.
7. Tu as des photos de ta famille ? Tu vas me les montrer.
8. Susie voulait jouer avec les garçons, mais ceux-ci se sont cachés.

PHRASES MODÈLES

1. On cherche des rieurs et moi, je les évite.
   Jean de la Fontaine, *Fables*

   On ⁓⁓⁓⁓⁓ et moi, je ⁓⁓⁓⁓.

2. Mon frère et moi étions assis l'un près de l'autre.
   Serge Berlier, *Pays natal*

   ⁓⁓⁓⁓ et moi étions ⁓⁓⁓⁓⁓⁓.

3. L'amateur véritable n'enferme pas le meuble ou le tableau : il vit avec lui.
   Hubert Cardinal, dans le *Figaro Littéraire*

   Le ⁓⁓⁓⁓⁓ ne ⁓⁓⁓ pas ⁓⁓⁓⁓⁓ : il ⁓ avec ⁓.

4. Dans le monde moderne, seuls les états pleinement indépendants et ambitieux sont en mesure de conclure entre eux des ententes et des associations fructueuses.
   Le Figaro Littéraire

   Dans le monde moderne, seuls les ⁓⁓⁓⁓⁓⁓⁓ ⁓⁓⁓ sont en mesure de ⁓⁓⁓⁓ entre eux ⁓⁓⁓⁓⁓⁓ ⁓⁓⁓⁓.

COMME

<u>COMME est une conjonction qui indique la cause.</u> Elle a le même sens que **puisque**.

Comme mon tourne-disques ne marche pas, nous ne pouvons pas écouter les disques que tu as apportés.

Comme il n'avait jamais rien fait de sa vie, on s'est étonné que Léon ait pris un poste dans une firme respectable.

<u>COMME est une conjonction qui marque la simultanéité de deux actions.</u> Elle a le même sens que **pendant que** et ne s'emploie que devant l'imparfait, indiquant une action toujours assez brève.

Comme le rideau tombait, la salle a éclaté en bravos et en applaudissements.

Comme le Président terminait son discours, des manifestants ont commencé à hurler des slogans révolutionnaires.

EXERCICE A

Faites trois phrases avec **comme** au sens de **puisque**, puis trois autres où **comme** aura le sens de **pendant que**.

<u>COMME placé en tête d'une affirmation en fait une exclamation.</u>

Comme vous êtes compatissant!

Comme Louis XV adorait épier les intrigues galantes de ses courtisans!

Le jour de leur mariage Georges et Martha ont fait serment de ne jamais se quitter et maintenant ils divorcent. Comme c'est curieux!

<u>COMME sert à formuler une comparaison.</u> Il peut introduire:

—un substantif

Paul travaille comme un forcené.

Quand je pose une question à mes élèves, ils me regardent comme des abrutis.

—un adjectif

> Entendant derrière lui un craquement du plancher, le docteur van Poon, spécialiste en vampires, est resté immobile comme pétrifié.
>
> Mon oncle, qui pèse plus de cent kilos, mange comme quatre.

—une proposition (+ **si**)

> Elwyn s'acharne à apprendre l'hébreu comme si tout en dépendait.
>
> Des gosses courent pieds nus dans la rue comme s'il n'avait pas neigé pendant la nuit.

—un substantif indiquant la cause supposée ou imaginaire (+ **par**)

> Dans un bon restaurant les garçons ne sont jamais en évidence, le service se fait comme par enchantement.
>
> Lola me souriait des yeux, mais sa bouche restait fermée comme par contrainte.

—un infinitif (+ **pour**)

> Le pickpocket s'est penché vers le touriste naïf comme pour lui demander l'heure.
>
> A Noël, ma grand'mère m'offre toujours une photo d'elle-même comme pour me torturer.

<u>COMME peut donner une nuance approximative à un substantif, signifiant ainsi,</u> <u>une sorte de, quelque chose comme.</u>

> Habitué depuis longtemps à l'idée qu'il allait mourir, le malade a éprouvé comme une déception en apprenant qu'il guérirait.
>
> Le commissaire a entendu comme un coup de revolver dehors, mais ce n'était que la pétarade d'une voiture.

<u>Au lieu de COMME, on se sert de COMBIEN pour accentuer la force d'une</u> <u>proposition subordonnée.</u> COMBIEN a ici le sens de à *quel point*.

> Vous ne savez pas combien Ralph s'est efforcé de réussir!

EXERCICE B

Complétez les phrases.

1. ... comme par magie.
2. ... comme un fou.
3. Comme il pleuvra sans doute, ...
4. ... comme un cochon.

5. ... comme foudroyé.
6. ... comme s'il avait avalé un caillou.
7. ... comme dix.
8. ... comme pour sortir.
9. Comme je suis trop fatigué pour continuer, ...
10. Comme la pendule sonnait minuit, ...
11. ... comme le hurlement glaçant d'un revenant.
12. ... comme satisfait.
13. Comme je traversais le pont ...
14. ... comme pour m'embrasser.
15. ... comme par pitié.

EXERCICE C

Exprimez à l'aide de **comme** comparatif, et aussi brièvement que possible, les idées suivantes.

1. C'était une sorte d'ombre langoureuse qui m'envahissait tout entier.
2. En opérant sa belle-mère, le chirurgien a poussé un petit cri qui ressemblait assez à un soupir de regret.
3. En repassant devant moi, la vieille dame m'a donné un deuxième horion de son sac à main. J'aurais pu croire que c'était par méchanceté.
4. Le gardien s'est approché de la cellule de Julien. N'avait-il pas l'intention de le libérer?
5. On devinait une espèce de liquide épais et sombre qui sortait d'un trou dans le veston de la victime.

EXERCICE D

Mettez la phrase 1 de l'exercice précédent dans un paragraphe de cinq ou six phrases.

Même exercice pour la phrase 5.

PHRASES MODÈLES

1. Le public a l'esprit juste, solide et pénétrant: cependant comme il n'est composé que d'hommes, il y a souvent de l'homme dans ses jugements.

    CHARLES DU FRESNY, *Les Amusements sérieux et comiques d'un Siamois*

    ~~~~~~~~~~~~~~~~~~~~~~~~~~~, ~~~~~~~~~~~~~~~~~~: cependant comme ~~~~~~~
    ~~~~~~~~~~~~~~~~~~~~~~~, ~~~~~~.

2. Quand on est maheureux, c'est comme si l'univers croulait autour de vous, avec vous.

Matthieu Galey, dans l'*Express*

Quand on ~~~~~~~~, c'est comme si ~~~~~~~~~~~~~~~~~~~~~~, ~~~~~~~.

3. Le maître d'hôtel attendait les mauvaises nouvelles comme des œufs de Pâques.

Marcel Proust, *Le Temps retrouvé*

~~~~~~~~~~~~~~~~~~~~~~~~~~~~~~~~~~~~ comme ~~~~~~~~ ~~~~~~.

4. Je sens comme une condamnation invisible qui pèse sur ma tête.

<div align="right">Alfred de Vigny, *La Maréchale d'Ancre*</div>

Je sens comme ~~~~~~~~~~~~~~~~~~~~~~~~~~~~~~~~~~~~~~~.

v 4   PENDANT ≠ DEPUIS

PENDANT et DEPUIS, prépositions, sont suivies d'un nom.

<u>PENDANT marque une action qui a eu lieu «à l'intérieur» d'une quantité de temps.</u>

Comme tout le monde, j'ai été à l'université pendant quatre ans.

L'action d'être à l'université «remplit» les quatre années comme un liquide remplit un récipient. C'est une action délimitée par un commencement et une fin.

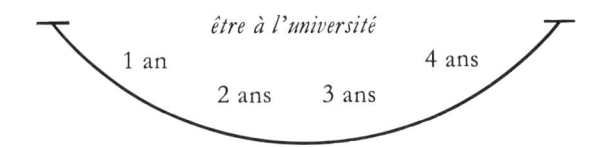

être à l'université
1 an   2 ans   3 ans   4 ans

Notre vol charter a atterri au milieu de la nuit à Bangor, Maine, où il est resté pendant trois heures.

Les hommes ont cru pendant des siècles que le soleil tournait autour de la terre.

<u>DEPUIS marque une action commencée à un moment donné et continuant sans interruption à partir de ce moment.</u>

Marc est à l'université depuis six ans, parce qu'il ne veut pas faire son service militaire.

L'action d'être à l'université a commencé il y a six ans, continue à présent et continuera peut-être encore, comme un liquide qui s'écoule en avant. C'est une action dont le commencement est fixé, la fin, pas.

être à l'université

1 an	2 ans	3 ans	4 ans	5 ans	6 ans	?	?

Chère maman,
    Je t'écris de Bangor, Maine, où notre vol a atterri pour refaire le plein. Tout le monde se plaint, car nous sommes là depuis deux heures et demie.

*PENDANT ≠ DEPUIS (V.4) —Cruse & Fils Frères

(V.4) PENDANT ≠ DEPUIS 221

En 1543, l'année de la mort de Copernic, les hommes croyaient depuis des siècles que le soleil tournait autour de la terre.

NB: Cette continuité d'action ne peut s'exprimer que par le présent ou l'imparfait. Si, pourtant, DEPUIS se rapporte à une action négative passée, c'est à dire à une action qui n'a pas eu lieu, on se sert d'un temps composé.

Chère maman,
Je t'écris de ma place dans l'avion où je me trouve planté entre deux grosses femmes qui n'arrêtent pas de ronfler. Je n'ai pas fermé l'œil depuis le départ.

En mourant, Copernic s'est souvenu affectueusement de Torun, village de sa naissance, où il n'était pas retourné depuis longtemps.

EXERCICE A

Ecrivez une phrase affirmative, puis une phrase négative pour chaque donnée. Employez le présent ou l'imparfait dans la première, un temps composé dans la deuxième.

EXEMPLE: depuis hier
J'ai un mal de tête épouvantable depuis hier.
Je n'ai rien mangé depuis hier.

1. depuis la semaine dernière
2. depuis la première guerre mondiale
3. depuis 1961
4. depuis leur enfance
5. depuis le jour où nous avons fait leur connaissance

EXERCICE B

En vous servant de la donnée, faites des phrases pour relever la différence entre **pendant** et **depuis**.

EXEMPLE: le mois d'août
Pendant le mois d'août j'ai travaillé dans la papeterie de mon père, puis en septembre les cours ont repris.

Mlle le Franc, qui a été renvoyée en novembre de la papeterie de mon père, y travaillait depuis le mois d'août.

1. le mois de décembre
2. dix ans
3. trois quarts d'heure

4. vingt minutes
5. quelques secondes
6. des heures
7. deux semaines
8. un bon bout de temps

PENDANT QUE et DEPUIS QUE, conjonctions, sont suivies d'une proposition.

<u>PENDANT QUE marque les circonstances durant lesquelles une action a lieu.</u>
Il est toujours suivi d'un temps simple, le plus souvent, de l'imparfait.

Etant assez brillant, j'ai commencé mes études universitaires pendant que tous mes amis étaient encore à l'école secondaire.

Je m'attends à ce que les passagers se plaignent pendant que l'avion refait le plein à Bangor.

Pendant que Copernic écrivait son célèbre traité, il se sentait dépérir.

<u>DEPUIS QUE fixe les circonstances dans lesquelles une action a son commencement.</u> Si ces circonstances n'existent plus, DEPUIS QUE est suivi d'un temps composé.

Je me suis fait tant d'amis depuis que j'ai quitté l'école secondaire.
(= J'ai déjà quitté l'école secondaire.)

Les hôtesses ne sont plus en vue depuis qu'on a atterri à Bangor.
(= On a déjà atterri à Bangor.)

Copernic se sentait dépérir depuis qu'il avait conçu le projet d'écrire son célèbre traité
(= Il avait déjà conçu le projet.)

Si, dans le contexte, ces circonstances existent toujours, DEPUIS QUE est suivi d'un temps simple.

Je me suis fait tant d'amis depuis que je suis à l'université.
(= Je suis toujours à l'université.)

Les hôtesses ne sont plus en vue depuis qu'on est à Bangor.
(= On est toujours à Bangor.)

Copernic se sentait dépérir depuis qu'il travaillait jour et nuit à son célèbre traité.
(= Il travaillait toujours à son traité.)

EXERCICE C

Changez la préposition en conjonction, puis exprimez le sens du complément par une proposition.

(V.4) PENDANT ≠ DEPUIS

EXEMPLE: Bessie paraît très sophistiquée depuis son retour de Paris.
Bessie paraît très sophistiquée depuis qu'elle est revenue de Paris.

1. Tous les touristes visitent les catacombes pendant leur séjour à Rome.
2. Armand et Else n'arrêtent pas de se disputer depuis leur mariage.
3. Pendant leur promenade en ville, mon neveu et ma nièce ont dépensé tout l'argent que je leur avais donné.
4. Ces deux pays trouvaient plus facile de garder leur neutralité depuis la fin de la deuxième guerre mondiale.
5. Brunhilde ne laissait pas de s'inquiéter depuis la disparition de Siegfried.
6. Je n'ai jamais mangé de bonbons pendant mon enfance, mais depuis ma vingt et unième année, c'est inexplicable, je m'en bourre.
7. Le candidat s'est embrouillé plusieurs fois pendant sa lecture à haute voix de la prière d'Iphigénie.
8. La vente des cigarettes n'a pas cessé de monter depuis la publication du rapport sur le cancer.

EXERCICE D

Complétez les phrases.

1. ... pendant que le rideau tombait.
2. ... depuis que le rideau est tombé.
3. ... depuis qu'il est parti pour l'étranger.
4. ... pendant qu'il faisait ses préparatifs pour le voyage.
5. ... depuis qu'on est allé dans la lune.
6. ... pendant qu'on allait dans la lune.
7. ... depuis qu'elle prend des leçons d'accordéon.
8. ... pendant qu'elle prenait des leçons d'accordéon.
9. ... depuis qu'elle prenait des leçons d'accordéon.
10. ... depuis qu'elle avait commencé des leçons d'accordéon.

EXERCICE E

Terminez les phrases en vous servant de **pendant que** ou de **depuis que**.

1. Henri refuse de manger des tomates ...
2. Il n'y a plus de circulation dans notre rue ...
3. J'ai lu trois magazines ...
4. Suzanne allait toutes les semaines à confesse ...
5. Mes parents ont tous deux le mal de mer ...

6. Tous les habitants de cette région se sont réfugiés sur les hauteurs ...
7. Barry n'est jamais allé à la Comédie Française ...
8. On devient généreux ...

PHRASES MODÈLES

1. Nous sommes depuis plusieurs années en train d'assister à une partition de la communauté nationale.
L'Express

   Nous sommes depuis plusieurs années en train de ~~~~~~~~~~~~~~ ~~~~~~~~~~~~~~.

2. Depuis que la drogue est devenue l'une des préoccupations majeures du gouvernement et de l'opinion publique, deux ministres ont pris les choses en main.
L'Express

   Depuis que ~~~~~~, ~~~~~~~~~~~~~~~~~~~~~~~~~~~~~~~~~~~~~.

3. L'accent mis sur la loi et l'ordre est déplaisant. Pendant la campagne, il a été choquant, et de nombreux Américains l'ont ressenti ainsi.
Marc Ullmann, dans l'Express

   ~~~~~~~~~~~~~~~~~~~~~~~~~~~~~~~~. Pendant ~~~~~~~~~~~~~~~~, ~~~~~~~~~~~~~~~~, ~~~~~~~~~~~~~~~~~~~~~~~~~~~~.

4. Pendant que vous lisez cette phrase, onze enfants naissent sur cette terre.
<p align="center">L'Express</p>

   Pendant que ~~~~~~~~~~~~~~~~~~~~~~, ~~~~~~~~~~~~~~~~~~~~~~~~~.

Y

Y remplace tout endroit littéral ou figuratif.

Amsterdam est charmant. On y voit des canaux tranquilles qui reflètent des rangées ininterrompues de vieilles maisons muettes.
(**y** = à Amsterdam)

A Paris, le Ritz est un vrai refuge pour les Américains, qui peuvent y retrouver leurs amis, y rencontrer des personnages célèbres. Mais le plus important, on y boit de véritables cocktails américains.
(**y** = au Ritz)

Ma fenêtre donne sur une prairie où je me promène de temps en temps. On y voit des coquelicots à profusion, des bleuets, des boutons d'or et de petites marguerites sauvages. Parfois je m'y allonge pour regarder le ciel à travers les couleurs vives de ces fleurs qui me caressent le front et les joues.
(**y** = dans la prairie)

J'ai parcouru la liste des étudiants qui avaient été reçus. Mon nom n'y était pas.
(**y** = sur la liste)

NB: Le verbe **aller** est accompagné de Y chaque fois qu'il reparaît, une fois que le lieu où on va a été mentionné.

«On joue *Les Amants* au Rialto. Veux-tu y aller?»
«Je veux bien.» «Allons-y.»

Il y a une vente-réclame à Macy's. J'espère avoir le temps d'y aller. En fait je pourrai y aller ce soir si le magasin reste ouvert jusqu'à 21h30.

On omet Y pourtant lorsque **aller** est au futur ou au conditionnel.

Il y a une vente-réclame à Macy's. J'irai demain.

EXERCICE A

Faites deux phrases à propos du sujet indiqué; employez **y** dans votre deuxième phrase.

EXEMPLE: une ville

J'adore aller à Hollywood. On a toujours la chance d'y rencontrer des stars.

1. un pays
2. un musée
3. une revue
4. un récipient
5. un restaurant ou un café
6. un meuble
7. un poème
8. un continent
9. un lac ou un fleuve
10. une montagne ou une chaîne de montagnes

<u>Y remplace à + une chose, un fait, une action.</u> Y ne remplace jamais une personne ; il faut employer un pronom accentué (**à lui, à elle, à eux,** etc.).

Nous avons tous une loi intérieure, et même sans la reconnaître nous ne pouvons nous empêcher d'y obéir. (= obéir à cette loi)

Cécile Costaude a gagné le concours de beauté et a pleuré de joie ; elle ne s'y attendait pas. (= Elle ne s'attendait pas à gagner le concours.)

Maintenant que j'y pense, vous me devez cent dollars, n'est-ce pas ? (= Je pense au fait que vous me devez cent dollars.)

EXERCICE B

Faites un commentaire sur la donnée, en répétant le verbe avec **y** ou avec **à +** un pronom.

EXEMPLE: Yvain, malgré son serment, ne pensait jamais à sa femme.

Quand, au bout d'une année, il s'est rendu compte qu'il ne pensait plus à elle, il est devenu fou.

1. Cet homme d'affaires, négligeant sa famille, se dévoue entièrement à sa maîtresse.
2. Quand j'étais petit, je tenais beaucoup à ma collection de timbres.
3. Beaucoup de saints se sont voués à l'ascétisme.
4. Il y a un nombre toujours croissant de prêtres qui s'opposent au célibat.
5. Cet inspecteur de magasin ne devrait pas se fier si facilement aux employés.
6. Madame Croismart tient plus à ses deux fils qu'à ses deux filles.
7. Un esprit dynamique s'intéresse à sa propre évolution.
8. St Georges s'est offert audacieusement aux dents du monstre.
9. Trop souvent on se fie sans réflexion à ce qu'on lit dans les journaux.
10. Contrairement à l'opinion populaire, il existe des scientifiques qui s'intéressent aux beaux-arts.

EXERCICE C

Dans chaque phrase, substituez y au complément approprié, puis ajoutez un début de phrase qui contiendra l'antécédent nécessaire.

> EXEMPLE : Je ne mords pas au grec.
> (... je n'y mords pas.)
> *Je vais laisser tomber mon cours de grec parce que je n'y mords pas.*

1. Un philosophe stoïcien n'est jamais loin de penser à la mort.
2. Ses forces ne répondent pas à son courage.
3. Un étranger qui se trouve dans l'embarras n'a qu'à s'adresser à l'ambassade de son pays.
4. Anna ne s'est jamais faite à certaines coutumes siamoises.
5. L'auteur fait souvent allusion à la politique corrompue de son époque.
6. La plupart des ouvriers dans cette usine se sont affiliés au syndicat pour garantir leurs droits.
7. Il faut se résoudre à une solitude intérieure complète.
8. Réfléchissez aux propositions que je vous ai faites.
9. Cette vieille se livre à de folles extravagances.
10. Thérèse se plait à taquiner Isabelle.

PHRASES MODÈLES

1. La charité est l'arme maîtresse, celle qui pénètre les cœurs et y fait des blessures de vie éternelle.
  CARDINAL LAVIGNIE

  ⁓⁓⁓⁓ est ⁓⁓⁓⁓⁓⁓, ⁓⁓ qui ⁓⁓⁓⁓⁓⁓⁓ et y ⁓⁓⁓⁓ ⁓⁓⁓⁓⁓⁓⁓⁓⁓ .

2. Il faut être enthousiaste de son métier pour y exceller.
  DENIS DIDEROT

  Il faut ⁓⁓⁓⁓⁓⁓⁓⁓⁓ pour y ⁓⁓⁓ .

3. Les documents sont dans les coffres. Personne n'y a accès.
  GEORGES SUFFERT, dans l'*Express*

  ⁓⁓⁓⁓⁓⁓⁓⁓⁓⁓⁓ . Personne n'y ⁓⁓⁓ .

4. Un homme doit savoir braver l'opinion ; une femme s'y soumettre.
  GERMAINE DE STAËL, *Delphine*

  ⁓⁓⁓⁓ doit ⁓⁓⁓⁓⁓⁓⁓ ; ⁓⁓⁓⁓ s'y ⁓⁓⁓⁓ .

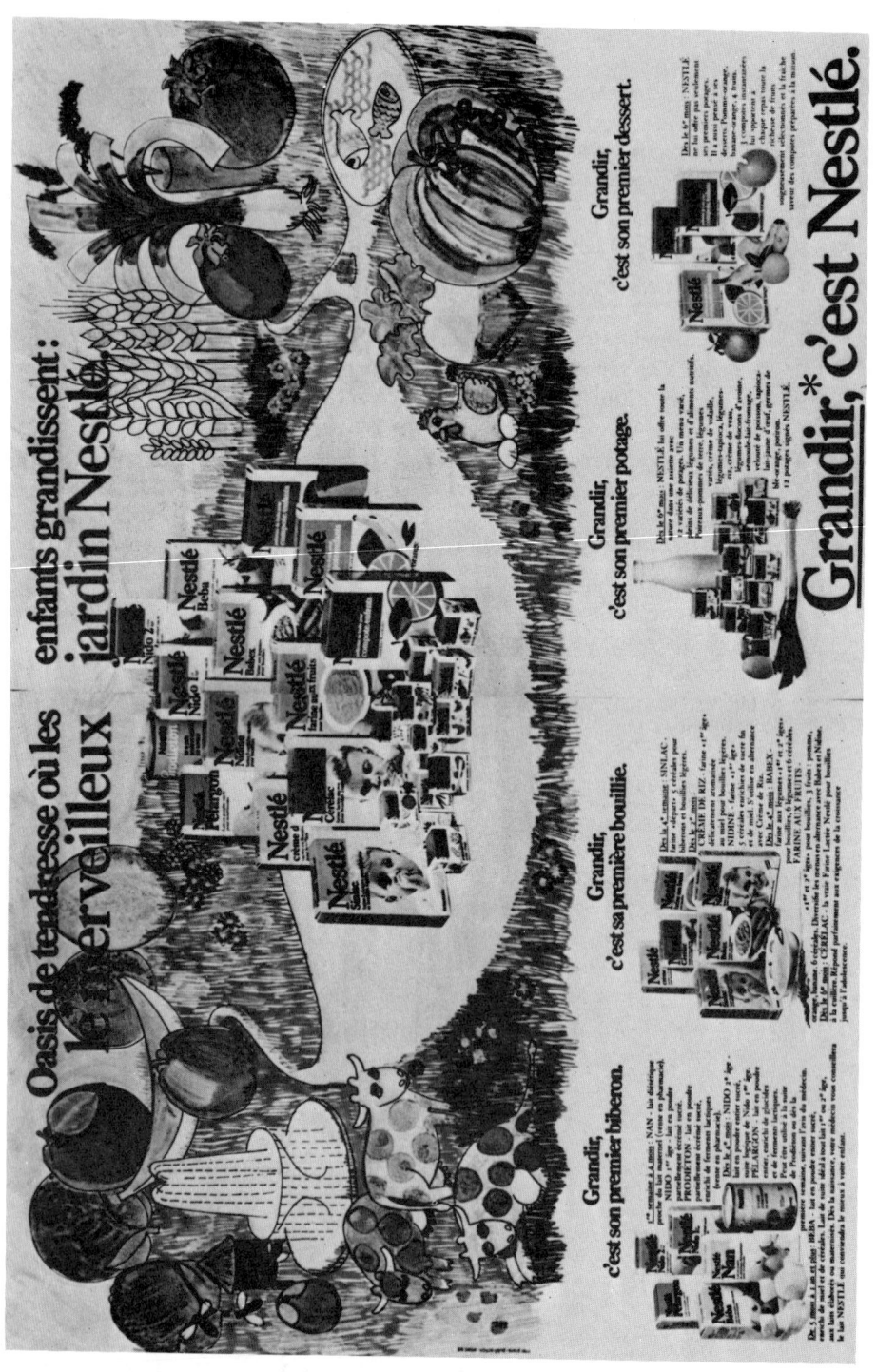

*L'INFINITIF (V.6) —Nestlé Inc.

6 L'INFINITIF

Négation. Les deux éléments de négation se placent avant l'infinitif et ses pronoms, s'il y en a.

>J'aimerais mieux ne pas dormir la nuit et rester couché toute la journée.
>
>Il vaut mieux ne jamais se plaindre de ce qu'on ne peut pas changer.
>
>Ma belle-mère est venue chez nous avec toutes ses affaires et elle espère ne plus nous quitter.

Après une préposition. La seule forme verbale qui peut suivre une préposition est un infinitif. *Exception:* La préposition **en** est suivi d'un participe présent.

>Il est ridicule de parler quand on a envie de se taire.
>
>Pour pouvoir faire des économies, Claude ne mange que des macaronis.
>
>Il m'est souvent arrivé de passer plusieurs jours sans dormir.

Sujet. Un infinitif peut être le sujet de la phrase. S'il a pour complément un deuxième infinitif, on se sert de **c'est**.

>Naître, c'est commencer à mourir.
>
>Regarder un programme idiot à la télévision me fait toujours du bien.
>
>Dire qu'on comprend quand on ne comprend pas est toujours inexcusable.

Impératif. Un impératif général, comme dans les recettes ou sur les affiches, s'exprime au moyen d'un infinitif.

>Casser deux œufs dans un grand bol. Ajouter un verre de lait. Remuer vigoureusement.
>
>Ne pas se pencher au-dehors. Ne pas laisser aller le bras à l'extérieur.

«De réaction». Une action, d'habitude assez vive, et qui est la conséquence immédiate d'une première action énoncée, peut s'exprimer au moyen d'un infinitif précédé de **et** + un sujet + la préposition **de**.

>Fondant en larmes, Marlène s'est accusée d'avoir volé dans plusieurs grands magasins. Et ses parents de rester muets, ébahis.
>
>«Ainsi dit le renard, et flatteurs d'applaudir.» (La Fontaine)

Après un autre verbe. Un infinitif suit directement, sans préposition, les verbes donnés à la fin de cette leçon.

Passé. Un infinitif passé = **avoir** ou **être** + un participe passé. On s'en sert quand l'action qu'exprime l'infinitif est antérieure à une autre action dans la phrase.

> Je regrette de vous avoir dérangé.
> (Je vous ai déjà dérangé.)
>
> Pauline a peur d'avoir été collée à l'examen.
> (Les examens ont déjà été corrigés.)
>
> Je pardonne à Martin de m'avoir offensé.
> (Il m'a déjà offensé.)

Un infinitif passé suit toujours la préposition APRÈS.

> Après avoir mangé, nous boirons des liqueurs.
>
> Après être tombée, Jill est restée par terre immobile.
>
> Byron cherchera du travail après être revenu d'Ouganda.
>
> Après s'être couchés, les vieux ne peuvent que rarement s'endormir tout de suite.

NB: L'action de l'infinitif qui suit APRÈS se rapporte toujours au sujet de la phrase.

EXERCICE A

Complétez la phrase par un infinitif passé.

EXEMPLE : Le conférencier a avoué ...
Le conférencier a avoué n'avoir rien dit d'important.

1. Je m'excuse de ...
2. L'avocat espère ...
3. La femme de ménage croyait ...
4. Le criminel jure ...
5. Personne ne se vante de ...
6. Je compte ...
7. Nous nous retrouverons devant le cinéma après ...
8. On a toujours sommeil après ...
9. Mlle Brauer m'a envoyé un télégramme après ...
10. Après ... on n'est plus jamais le même.

EXERCICE B

Ecrivez deux paragraphes sur le modèle ci-dessous. Choisissez d'abord un sujet féminin, puis un sujet pluriel. Comme dans le modèle, les trois **après** seront suivis de (1) avoir, (2) être, (3) un verbe pronominal.

EXEMPLE :   *Liliane a mis sa robe de chambre. Après l'avoir mise, elle est allée dans la salle de bain. Après y être allée, elle s'est déshabillée. Après s'être déshabillée, elle a pris une douche.*

EXERCICE C

Refaites les deux paragraphes de l'exercice précédent au futur. Est-ce qu'il y a une différence dans les actions antérieures ?

EXEMPLE :   *Liliane mettra sa robe de chambre. Etc.*

EXERCICE D

Dans quelles circonstances trouverait-on les impératifs suivants ?

1. Décrocher le récepteur. Attendre la tonalité. Introduire un jeton dans l'ouverture. Composer le numéro de l'abonné choisi.
2. Verser les légumes, de préférence encore congelés, dans une casserole contenant un fond d'eau bouillante, légèrement salée. Ramener rapidement à ébuillition et laisser cuire à feu doux pendant 7 à 8 minutes. Egoutter et servir avec du beurre ou de la margarine.
3. Cocher le carré correspondant à la réponse voulue. En cas d'erreur, barrer très soigneusement la réponse erronée et écrire lisiblement la réponse correcte à la ligne inférieure.
4. Masser vigoureusement le cuir-chevelu. Rincer soigneusement. Répéter l'application.
5. Appuyer sur le bouton portant le numéro de l'étage à atteindre.

Donnez des instructions pour :

1. Laver un pullover.
2. Faire un coup de téléphone interurbain.
3. Préparer votre plat favori.
4. Démarrer une voiture.
5. Enlever une tache d'huile.

EXERCICE E

Complétez les phrases en vous servant d'un infinitif au moins une fois par phrase.

EXEMPLE :   ... afin de ...
   Trop souvent nos parents nous punissent afin de se disculper.

1. Certains gitans prétendent...
2. Il vaut mieux... que de...
3. ... sans...
4. ... c'est un péché intolérable.
5. Un surhomme se croit capable de...
6. Ne pas...
7. Les nouveaux-mariés semblaient...
8. Si on a confiance en soi, on admettra...
9. ... ne jamais...
10. Avant de... il faut...
11. ... Et l'auditoire de...
12. Peut-on espérer...?
13. Après nous...
14. ... pour ne pas...
15. ... c'est vraiment...
16. ... Et les membres de l'orchestre de...
17. ... ne plus se...
18. ... à moins de...
19. ... ce serait...
20. Après se... on doit toujours....

Verbes usuels suivis immédiatement de l'infinitif, sans préposition :

accourir	se figurer
admettre	s'imaginer
aimer	jurer (= assurer)
aller	laisser
assurer	monter
avouer	nier
compter	oser
courir	paraître
croire	partir
déclarer	pouvoir
descendre	préférer
désirer	prétendre (= se flatter)
détester	se rappeler (= avoir encore en mémoire)
devoir	
écouter	reconnaître
entendre	regarder
entrer	savoir
envoyer	sembler
espérer	sentir
faire	sortir

(V.6) *L'infinitif* 233

    souhaiter (= vouloir pour soi-
        même)
    soutenir
    supposer

    valoir mieux
    venir (= arriver)
    voir
    vouloir

PHRASES MODÈLES

1. Aller, aujourd'hui, d'un bout à l'autre de l'Amérique, c'est suivre l'itinéraire du doute et de l'inquiétude.

                                            EMILE GUIKOVATY, dans *l'Express*

   ~~~~~~~~~~, ~~~~~~~~~~~~~~~~~~~~~~~, c'est ~~~~~~~~~~
   ~~~~~~~~~~~~~~~~.

2. Aimer, ce n'est pas se regarder l'un l'autre, c'est regarder ensemble dans la même direction.

                              ANTOINE DE SAINT-EXUPÉRY, *Terre des Hommes*

   ~~~~~, ce n'est pas ~~~~~~~~~~~~~~~~~~, c'est ~~~~~~~~~~~~~~~
   ~~~~~~~~~~~~~.

3. S'éloigner de Paris n'est pas sans danger pour un peintre : il risque de se faire oublier.

                             HENRI PHILIPPON, dans le *Figaro Littéraire*

   ~~~~~~~~~~~~~~~~~ n'est pas sans danger pour un ~~~~~~~ : il risque de
   ~~~~~~~~~~.

4. Le correspondant, après être resté trois ou quatre ans en Russie, la plupart du temps sans avoir appris la langue et sans avoir parlé avec un seul Russe, retourne dans son pays, où il est considéré comme un expert de la Russie.

                               ANDREI AMALRIK, dans l'*Express*

   ~~~~~~~~~~~~~~~, après ~~~~~~~~~~~~~~~~~~~~~~~~~~~, ~~~~~~~
   ~~~~~~~ sans ~~~~~~~~~~~~~~~ et sans ~~~~~~~~~~~~~~~~~~~~~~,
   ~~~~~~~~~~~~~~~~~~, ~~~~~~~~~~~~~~~~~~~~~~~~~~~~~~~~~.

UNE STATION-SERVICE ESSO SUR ROUES

A Rødbyhavn au Danemark*
voici un service très particulier
pour les Nouveaux Européens

Votre itinéraire vous conduira peut-être un jour à Rødbyhavn, au Danemark, pour embarquer à destination de l'Allemagne. En attendant le ferry, vous ferez la connaissance de M. Jacobson et de sa station-service Esso montée sur roues. Avec elle, M. Jacobson se faufile entre les voitures, s'enquiert de vos besoins en carburants, vérifie le niveau d'huile et assure le service des pneus et des batteries.

Esso est le promoteur de cette idée qui reflète bien son constant souci de satisfaire les voyageurs modernes que sont les Nouveaux Européens.

Pour eux, Esso symbolise « La Route Heureuse » : une station-service qui vient vers vous lorsque vous êtes dans l'impossibilité d'aller vers elle; un « espresso » pour vous réconforter au cours d'une randonnée sur une autoroute; une gamme nouvelle de produits et d'articles attrayants à l'étalage des stations Esso. Et bien sûr, partout, « un Tigre dans votre moteur ».

Des initiatives de ce genre, Esso en prend chaque jour davantage dans ses 38.000 stations-service réparties dans 15 pays d'Europe. Pourquoi ne pas rejoindre, vous aussi, les Nouveaux Européens sous l'emblème Esso.

Tout pour rendre la route heureuse aux Nouveaux Européens (Esso)

*EN ≠ AU (V.7) —*Esso Belgium, S.A.*

V 7 EN ≠ AU AVEC LE NOM D'UN PAYS

EN précède tous les pays dont le nom commence par une voyelle, aussi bien que tous les noms de pays féminins (= ceux qui se terminent en **e**).

Je n'ai jamais eu envie d'aller en Iraq.

On porte le kilt en Ecosse.

Chopin est né en Pologne.

AU précède tous les noms de pays masculins (= ceux dont la lettre finale est autre que **e**) qui commencent par une consonne.

Pizarre a débarqué au Pérou en 1532.

Au Japon on cultive le blé, le riz, le millet et le soja.

Marrakech, capitale mondiale du trafic du haschich, se trouve au Maroc.

Il n'y a que deux exceptions importantes : *au Mexique, au Cambodge*, ces deux noms étant, malgré leur **e** final, masculins.

Voici une liste des principaux pays du monde. L'adjectif correspondant (sauf s'il est rare) est donné entre parenthèses. Cet adjectif, muni d'une majuscule, devient le nom du citoyen du pays.

En Europe

EN
Albanie (albanais)
Allemagne (allemand)
Andorre (andorran)
Angleterre (anglais)
Autriche (autrichien)
Belgique (belge)
Bulgarie (bulgare)
Ecosse (écossais)
Espagne (espagnol)
Finlande (finlandais)
France (français)
Grèce (grec, grecque)
Hollande (hollandais)
Hongrie (hongrois)
Irlande (irlandais)

AU
Danemark (danois)
Luxembourg (luxembourgeois)
Portugal (portugais)

À
Monaco (monégasque)

Italie (italien)
Norvège (norvégien)
Pologne (polonais)
Roumanie (roumain)
Russie (russe)
Suède (suédois)
Suisse (suisse)
Tchécoslovaquie (tchèque)
Yougoslavie (yougoslave)

En Amérique du Nord

AU
Canada (canadien)
Mexique (mexicain)

AUX
Etats-Unis (américain)

En Amérique centrale

AU
Costa Rica (costa-ricain)
Guatémala (guatémaltèque)
Honduras (hondurien)
Nicaragua (nicaraguayen)
Panama (panaméen)
Salvador (salvadorien)

En Amérique du Sud

EN
Argentine (argentin)
Bolivie (bolivien)
Colombie (colombien)
Equateur (équatorien)
Guyane britannique (guyannais)
Guyane française (guyannais)
Guyane hollandaise (guyannais)
Uruguay (uruguayen)

AU
Brésil (brésilien)
Chili (chilien)
Paraguay (paraguayen)
Pérou (péruvien)
Venezuela (vénézuélien)

En Afrique

EN
Algérie (algérien)
Angola
Egypte (égyptien)
Ethiopie (éthiopien)
Guinée (guinéen)

AU
Cameroun
Congo (congolais)
Dahomey
Gabon
Ghana (ghanéen)

(V.7) EN ≠ AU *avec le nom d'un pays*   237

Haute-Volta (voltaïque)
Libye (libyen)
Mauritanie (mauritanien)
Mozambique
Ouganda
Rhodésie (rhodésien)
Somalie (somalien)
Tanzanie (tanzanien)
Tunisie (tunisien)
Union Sud-africaine
Zambie (zambien)

Kenya
Libéria (libérien)
Maroc (marocain)
Niger (nigérien)
Nigéria (nigérian)
Ruanda
Sénégal (sénégalais)
Soudan (soudanais)
Tanganyika
Tchad (tchadien)
Togo (togolais)

DANS LA
République Centrafricaine
République de la Côte d'Ivoire

En Asie

EN
Afghanistan (afghan)
Arabie Séoudite
Birmanie (birman)
Chine (chinois)
Corée (coréen)
Inde (indien)
Indonésie (indonésien)
Iran (iranien)
Iraq (iraquien)
Israël (israélien)
Jordanie (jordanien)
Malaisie (malaisien)
Mésopotamie (mésopotamien)
Mongolie (mongol)
Syrie (syrien)
Thaïlande (thaï)
Turquie (turc, turque)
Union soviétique

AU
Cambodge (cambodgien)
Japon (japonais)
Koweït
Laos (laotien)
Liban (libanais)
Népal
Pakistan (pakistanais)
Vietnam (vietnamien)
Yémen (yémenite)

AUX
Philippines (philippin)

En Australie (australien)

EXERCICE A

Faites une courte phrase au sujet du pays donné, puis ajoutez une seconde proposition où il sera question d'un deuxième pays prenant une préposition différente.

EXEMPLE : Belgique
Il y a assez peu de tourisme en Belgique, tandis qu'au Danemark, pendant certains mois de l'année, on ne voit pratiquement que des étrangers.

1. Tchécoslovaquie
2. Portugal
3. Kenya
4. Nicaragua
5. Congo
6. Norvège
7. Russie
8. Grèce
9. Colombie
10. Israël
11. Equateur
12. Allemagne
13. Pakistan
14. Cambodge
15. Vietnam

Pour les îles, il n'y a pas de système cohérent. Référez-vous à la liste suivante ou à un lexique géographique.

EN
Corse (corse)
Islande (islandais)
Nouvelle-Guinée (néo-guinéen)
Nouvelle-Zélande (néo-zélandais)
République Dominicaine (dominicain)
Sardaigne (sarde)
Sicile (sicilien)
Tasmanie (tasmanien)

À LA
Barbade
Guadeloupe (guadeloupéen)
Jamaïque (jamaïcain)
Martinique (martiniquais)

A
Bornéo
Ceylan (cingalais)
Chypre (cypriote)
Cuba (cubain)
Formose (formosan)
Haïti (haïtien)
Hawaii (hawaiien)
Madagascar (malgache)
Majorque (majorquin)
Malte (maltais)
Minorque (minorquin)
Porto Rico (porto-ricain)
Tahiti (tahitien)

AU
Groenland (groenlandais)

AUX
Bahamas
Baléares
Bermudes

EXERCICE B

Comparez les données.

EXEMPLE : les Siciliens; les Corses
Le tempérament des Siciliens n'est guère plus violent que celui des Corses.

1. les Suédois; les Italiens
2. la guerre vietnamienne; la guerre coréenne
3. les Vietnamiens; les Coréens
4. certains Américains; certains Japonais
5. les Cypriotes; les Turcs
6. Majorque; Minorque
7. la politique cubaine; la politique russe
8. la musique française; la musique allemande
9. les Françaises; les Allemandes
10. le français; l'allemand

Pour les états et provinces des Etats-Unis et du Canada, on se sert de DANS LE. Pour la plupart, l'orthographe est pareille en anglais et en français. Il y a cependant quelques exceptions, autant pour l'orthographe que pour la préposition. Les voici :

EN
Californie (californien)
Caroline du Sud
Caroline du Nord
Colombie britannique
Floride
Géorgie
Louisiane
Nouvelle-Ecosse
Pennsylvanie
Terre-neuve
Virginie
Virginie occidentale

AU
Colorado
Mississippi
Nouveau-Brunswick
Nouveau-Mexique
Québec (québécois)
Texas (texan)

DANS LE
Dakota du Nord
Dakota du Sud
état de New York
état de Washington
Yukon

DANS LA
île du Prince-Édouard
Saskatchewan

Pour les villes, on se sert sans exception de **À** :

à Copenhague
à Florence

à New York
etc.

Remarquez que certaines villes ont dans leur nom un article, ce qui donne lieu parfois à une contraction.

    au Caire
    à La Haye
    au Havre
    etc.

EXERCICE C

Ecrivez une phrase pour localiser la donnée. Cherchez dans un dictionnaire les noms qui ne vous sont pas connus.

    EXEMPLE: Mexico

        Mexico, capitale du pays, se trouve au Mexique.

1. Alger
2. Orly
3. le Kremlin
4. Bruxelles
5. les polders
6. Bagdad
7. La Nouvelle-Orléans
8. Santiago
9. les Rocheuses
10. La Havane
11. Le Caire
12. l'Acropole
13. Vienne
14. Varsovie
15. Khartoum
16. Ankara
17. le Fuji-Yama
18. Zagreb
19. le Vatican
20. La Haye

EXERCICE D

Vous êtes agent de voyages. Une vieille femme cossue qui vient de se marier avec un jeune homme de vingt-cinq ans vous demande vos services. Faites-leur un itinéraire fabuleux.

(V.7) EN ≠ AU avec le nom d'un pays   241

PHRASES MODÈLES

En Amerique latine, de vastes étendues sont consacrees à l'élevage et à la culture du café pour l'exportation.
L'Express

1. En ~~~~~~~~~~, ~~~~~~.

2. Un voyage en Inde est généralement très au-dessus des moyens financiers d'un étudiant.
JEAN-MAIRE ROUART, dans le Figaro

   Un voyage en ~~~~~~.

3. A Londres et à New York, on se congratule. Les représentants des 23 compagnies pétrolières opérant en Libye sont rentrés de Tripoli dans le courant du week-end des Rameaux.
PIERRE PÉAN, dans l'Express

   A ~~~~~~~ et à ~~~~~~~~~, ~~~~~~~~~~~~~~~~. ~~~~~~ en ~~~~~~~~~~~~~~~~~~~~~~~~~~~~~~~~.

4. Les Italiens construiront une raffinerie. Les Allemands, une aciérie, une cimenterie et un hôtel. Les Japonais monteront leurs voitures et exploiteront le cuivre.
MAURICE ROY, dans l'Express

   Les ~~~~~~~~~~~~~~~~~~~~~~~~~~~~. Les ~~~~~~. Les ~~~~~~~~~~~~~~~~~~~~~~~~~~~~~~~~.

Pourquoi la Cire Liquide Johnson est-elle* la plus utilisée en France ?

Parce qu'elle donne facilement des parquets toujours clairs et brillants

4 ménagères sur 5 savent que la Cire Liquide Johnson s'étale vraiment toute seule et donne sans effort un beau brillant satiné. De plus, elle nettoie en même temps qu'elle fait briller. Résultat : les parquets restent clairs et brillants à longueur d'année.

Cire Liquide Johnson : c'est la meilleure garantie de qualité.

Johnson

Johnson Cire Liquide
HOMOGÉNÉISÉE
Le 'Shampooing' des Parquets
DOUBLE ACTION

*L'INVERSION (V.8) —*Johnson Wax (Belgium) S.A.*

8 L'INVERSION

L'ordre normal sujet-verbe est retourné dans les cas suivants :

—<u>Dans une question.</u> L'inversion est possible pour tous les pronoms sauf **je**, qui se construit de préférence avec **est-ce que**. Un verbe se terminant par une voyelle prend **-t-** devant les sujets **il, elle, on**. L'inversion est possible aussi si la phrase commence par un adjectif interrogatif : *Que, Où, Quel, Quand Comment, Pourquoi*. Un sujet de la troisième personne est doublé par un pronom.

Que devons-nous penser d'un homme qui aimerait mieux s'enrichir que de rester maître de soi-même ?
Décide-t-on vraiment de ce qu'on fera de sa vie ?
Où sont lest neiges d'antan ?
Quand viendra mon jour de gloire ?
Dans quel pays les femmes ont-elles les mêmes droits que les hommes ?
Vos chiens sont-ils méchants ? Pourquoi votre chien m'a-t-il mordu ?

EXERCICE A

Faites une question pour chaque réponse.

EXEMPLE : «Oui, pendant la nuit. Vous ne le reverrez plus.»
«Mon mari s'est-il enfui volontairement ?»

1. «Non, je suis innocente, innocente, je vous supplie de me croire.»
2. «Il a disparu de Londres sans laisser aucune trace.»
3. «Je ne sais pas, monsieur. Madame n'a pas donné d'explication.»
4. «Ils ont loué un yacht pour faire le tour du monde. Ah, la veine des riches !»
5. «Rien, rien. Il est trop tard.»
6. «Ils doivent arriver cet après-midi. Nous avons pris des places au théâtre pour eux ce soir.»
7. «Non, non ! Et mille fois non ! Je ne tomberai jamais si bas !»
8. «Tais-toi et suis-moi. Tu verras.»

—<u>Dans une proposition incise.</u> On appelle ainsi les mots qu'on intercale dans une citation pour indiquer celui qui parle. La proposition est «incise» seulement si elle se trouve au milieu ou à la fin de la citation. Comme toujours, un verbe se terminant par une voyelle prend -t- devant **il, elle, on**.

Mon dieu! dit Œdipe, tu es ma mère! —Cruel destin! s'exclame Jocaste.

Xavier venait de demander à Jane si elle l'épouserait. «Tu sais, a-t-elle répondu après quelques minutes de réflexion, je crois que j'aimerais mieux être brûlée vive.»

Les verbes qu'on rencontre le plus souvent dans les propositions incise sont: *dire, demander, répondre, répliquer, crier, s'écrier, s'exclamer, hurler, murmurer, chuchoter, balbutier, bégayer, gémir, soupirer, avouer, affirmer, objecter, assurer, convenir, ajouter, expliquer.*

EXERCICE B

Faites de chaque question et réponse de l'Exercice A un petit paragraphe en donnant une phrase d'introduction et en ajoutant des propositions incises.

EXEMPLE: *Natacha regardait avec incrédulité le visage souriant de Korsakov. «Mon mari, a-t-elle demandé sans quitter de ses yeux ce sourire cruel, s'est-il enfui volontairement?» «Oui, a répondu l'autre, pendant la nuit. Vous ne le reverrez plus jamais.»*

—Après **à peine, peut-être, aussi** (= *par conséquent*), **sans doute, rarement.**
Si le sujet est un nom, il est doublé par un pronom.

A peine le débat avait-il commencé que des huées se sont fait entendre dans la salle.

Manon a fait quelques pas, puis s'est écroulée sur le sable. Peut-être était-elle restée trop longtemps au soleil.

Votre police d'assurance est expirée depuis deux jours. Aussi est-il inutile de solliciter notre assistance dans l'affaire de votre accident.

Sans doute Proust a-t-il créé le personnage déconcertant d'Albertine en mélangeant des traits d'hommes et de femmes avec qui il avait été intime.

—Dans une **proposition hypothétique**. La proposition du type: **si** + l'imparfait, a pour équivalent: le conditionnel en inversion. Le sujet est toujours un pronom.

Je n'aime guère Philippe. Mais serait-il en danger, je l'aiderais.
(= s'il était en danger)

Les Goddard ont quitté Florence quelques heures avant notre arrivée. Serions-nous partis de Madrid un jour plus tôt, nous les aurions vus.
(= si nous étions partis de Madrid un jour plus tôt)

(V.8) *L'inversion*

EXERCICE C

Exprimez autrement les idées suivantes.

EXEMPLE :   On ne voit pas souvent de si jolies fleurs.
Rarement voit-on de si jolies fleurs.

1. Glayds s'était tout juste remise de sa première attaque qu'elle en a subi une deuxième.
2. S'il s'était exprimé d'une façon moins pédantesque, les explications de l'instituteur auraient été comprises.
3. Je voudrais quand même connaître la joie, si ce n'était que pour un instant.
4. Cet enfant connaît des mots atroces ; il les a probablement appris à l'école.
5. Si on m'offrait un million de dollars, je n'épouserais pas cette horreur de femme.
6. Il est possible que nous devions réfléchir davantage à ce projet avant d'agir.
7. Bernard est d'une constitution forte, par conséquent il guérit vite de toute maladie.
8. Si elle était allée passer l'été à San Remo plutôt qu'à Cannes, Constance n'aurait jamais fait la connaissance de Wadislaw.
9. Il est rare qu'on me parle avec bonté.
10. Si tu étais l'homme le plus riche du monde, je ne pourrais t'aimer d'avantage.

—Dans une proposition subordonnée commençant par **que** (objet direct). Le sujet est toujours un nom.

La Tour Eiffel est un monument que visitent surtout les touristes.

Les vérités qu'enseigne la Bible ne sont pas les seules.

La littérature de nos jours serait bien pauvre sans l'héritage que nous a laissé l'antiquité.

EXERCICE D

Faites une seule phrase avec les deux phrases données.

EXEMPLE :   Peut-on résister aux rêves ? L'opium donne ces rêves.
Peut-on résister aux rêves que donne l'opium ?

1. J'aurai des désirs. Le printemps réveillera ces désirs.
2. Un snob dédaignera la mode. Les masses suivent la mode.

3. Jeanne était toute tremblante des secrets. Le messager divin lui avait livré ces secrets.
4. Veux-tu essayer un des cigares? Mon père fume ces cigares.
5. Faut-il chercher le bonheur? Tout le monde le poursuit.
6. On croit difficilement les sages paroles. Les fous les prononcent.
7. Sherlock Holmes est un détective. Sir Arthur Conan Doyle l'a créé.
8. Certaines habitudes ne sont plus acceptées de nos jours. Les anciens les ont pratiquées.
9. Le temple s'appelle une pagode. Les Orientaux le bâtissent.
10. Les films sont parfois abominables. Les meilleurs critiques les recommendent.

PHRASES MODÈLES

1. Tout métier utile au public, n'est-il pas honnête?
   Jean-Jacques Rousseau, *Emile*
   Tout ~~~~~~~~~~~~~~~~, n'est-il pas ~~~~~~~?

2. Sans doute y a-t-il des récits de voyage valables, écrits par des explorateurs authentiques.
   André Billy, dans le *Figaro*
   Sans doute y a-t-il des ~~~~~~~~~~~~~~~~, ~~~~~~~~~~~~~~~~ ~~~~~~~.

3. Peut-être les hippies, qui veulent opposer l'amour à la violence, ont-ils, sans le savoir, trouvé la meilleure prévention contre le danger grandissant des maladies de cœur.
   Rosie Maruel, dans l'*Express*
   Peut-être les ~~~~~~, qui ~~~~~~~~~~~~~~~~~~~~~~~~~, ont-ils ~~~~~~~~~~~~~~~~~~~~~~~~.

4. La crise de confiance que traverse aujourd'hui l'Amérique ne semble pas traduire une quelconque décadence.
   Maurice Ullmann, dans l'*Express*
   ~~~~~~~~~~~~~~~ que ~~~~~~~~~~~~~~~~~~~ semble ~~~ ~~~~~~~~~~~~~~~~~~~~~~~~~~.

V 9   JOUR ≠ JOURNÉE

Certains substantifs ont deux formes, une courte et une longue.

une cuillère, une cuillerée
une gorge, une gorgée
une bouche, une bouchée
un poing, une poignée
un bras, une brassée
un jour, une journée
un soir, une soirée
un matin, une matinée
un an, une année

une assiette, une assiettée
une maison, une maisonnée
une chambre, une chambrée
un rang, une rangée
une pince, une pincée
un plat, une platée
une charrette, une charretée
un vol, une volée

La forme courte représente la chose vue de l'extérieur :

—un objet matériel qu'on peut toucher

Laissant tomber sa cuillère, la bouche toujours pleine, Rodolfo m'a saisi à la gorge et m'a menacé du poing.

—un objet temporel qu'on peut compter

Un matin Peter a cru rencontrer son grand amour. Ils sont sortis ensemble le soir du même jour et se sont mariés au bout de quinze jours. Deux ans plus tard ils ont divorcé.

—un objet, enfin, qu'on peut facilement mettre en contraste avec un autre du même type

J'ai demandé une cuillère à la serveuse et elle m'a donné une fourchette.
Le matin, Horatio s'en va lestement à son travail; le soir il rentre roué de fatigue.
Certains animaux se reposent le jour pour chasser la nuit.

La forme longue représente la chose vue de l'intérieur, attirant l'attention sur le contenu matériel ou temporel de cette chose.

une cuillerée de sucre
une gorgée de vin
une bouchée de viande
une poignée de cailloux

Votre peau se fatigue toute la journée.*
Accordez-lui une nuit de repos.

Si vous faites partie de ces femmes « sport » qui ne se maquillent pas ou si peu, savez-vous que le soir, avant de vous coucher, vous devez absolument penser à votre peau? Le vent, la pluie, le froid, la fumée ont été en prise directe avec elle toute la journée. Attention à la déshydratation, aux rides! Penser à votre peau, c'est penser à Nivéa. Commencez à la détendre avec l'eau de rose, l'hamamélis, le camphre, les fleurs d'oranger de la Lotion Tonique Nivéa. Puis, si elle est normale ou plutôt sèche, nourrissez-la avec l'extrait purifié de lanoline contenu dans la Crème Nivéa. Si elle a tendance à être grasse, traitez-la avec les huiles nobles de la Crème Nivéa Mate ou, si vous le préférez, avec le Lait Hydratant Mat Nivéa, qui régularise les sécrétions cutanées. Et dormez... Nivéa veille.

Nivéa. Donnez toutes ses chances à votre peau.

*JOUR ≠ JOURNÉE (V.9) —Beiersdorf AG

(V.9) JOUR ≠ JOURNÉE 249

    une journée d'inquiétudes
    une soirée de désastre
    une matinée de travail
    une année d'études

Les quatre derniers termes se retrouvent le plus souvent dans des phrases où le contenu temporel n'est pas ouvertement exprimé.

    Découragé, Edmond a passé la journée au lit.
    Paul est incapable de rester chez lui toute une soirée sans compagnie.

Pour distinguer entre la forme longue et la forme courte, demandez-vous :
Est-ce une quantité de temps qui entoure certains évènements, qui est pleine de certaines actions ? Si oui, employez la forme longue.

    Au cours de cette année il y a eu des chocs violents entre les étudiants et la police.
    Si tu viens chez moi demain, pourras-tu rester toute la matinée ?
    Le film s'est terminé à neuf heures et les pauvres petits ne savaient quoi faire du reste de la soirée.

Est-ce une indication de temps qui ne sert qu'à placer certains évènements à un moment plutôt qu'à un autre ? Si oui, employez la forme courte.

    Je dors très mal le jour. (mais pas la nuit)
    Ce soir-là il neigeait. (et pas un autre soir)
    M. Vitel est toujours ronchon le matin. (mais pas l'après-midi)

Etant donné la force particulière des deux formes, certaines «règles» peuvent être formulées :

1. Après un chiffre, employez la forme courte.

    Dix ans
    Cinq jours

2. **Un jour** est le contraire de **maintenant**.

    Un jour je serai célèbre.

3. Habituez-vous à la rencontre du verbe **passer** et de l'adjectif **toute** avec les formes longues.

    Passer une journée
    Toute la soirée

4. Habituez-vous à la rencontre de l'adjectif **tous** avec les formes courtes.

    Tous les matins
    Tous les jours

on n'a pas tous les jours* 120 ans

profitez-en !

Une fête qui va durer un mois : du 5 mai au 6 juin.
Une fête qui va battre son plein dans tous les magasins et avec tous les amis Singer.
Une fête qui va faire valser les prix et dont toutes les clientes profiteront sont en fête :

1 /la magique à coudre Singer et son meuble à coudre
400 f de moins

2 /le réfrigérateur Singer 205 litres ligne haute
196 f de moins

3 /la machine à laver Singer automatique, "étroite", 5 kilos
143 f de moins

4 /le lave-vaisselle Singer super-automatique, 5 programmes
269 f de moins

5 /la machine à coudre "Cadette" Singer, prix spécial.
454 f seulement

entrez dans la fête des prix 120ᵉ anniversaire Singer !

SINGER
ce qu'il y a de mieux !

*JOUR ≠ JOURNÉE (V.9) —The Singer Co.

(V.9) JOUR ≠ JOURNÉE 251

5. Dites **ce soir, ce jour, ce matin,** mais (une exception) **cette année.**
6. Dites **des soirs, des jours, des matins,** mais (une exception) **des années.**

EXERCICE A

Terminez la phrase par un terme approprié.

EXEMPLE: Claude, est-ce bien toi? Je ne t'ai pas revue depuis des...

Claude, est-ce bien toi? Je ne t'ai pas revue depuis des années.

1. Saint Augustin est mort il y a quatorze cents... environ.
2. David était toujours en prison au bout de trois...
3. Voici quelque chose de meilleur qu'une eau dentifrice: une... de sel et une... d'eau.
4. Mon ancienne secrétaire n'aurait jamais pu accomplir tant de chose en une...
5. Ce... le Président s'adressera au peuple américain à la télévision.
6. Hier... je suis allé à la réception que donnait l'ambassade tchèque, mais je ne suis pas resté toute la...
7. Corinne voudrait un... visiter Moscou.
8. On a offert au nouveau-né une tasse et une... en argent.
9. Les tout petits enfants ne sont à l'école que le...
10. Gaugin s'en est allé à Tahiti où il est resté pendant des...
11. Cette... Butch va suivre des cours de sciences domestiques.
12. Je déteste les cravates, elles me serrent trop la...
13. Les écoliers ont passé à peu près toute la... au musée.
14. Il y a des... où je n'arrive pas à me lever le...
15. Tous les... à neuf heures Roquentin se rend à la bibliothèque où il passe la... et une partie de l'après-midi.

EXERCICE B

Faites une phrase originale en utilisant la donnée.

EXEMPLE: deux jours

Les enfants retournent toujours volontiers à l'école en automne, mais au bout de deux jours ils en ont déjà assez.

1. huit jours
2. ce soir
3. un jour
4. la journée
5. cent ans
6. cette année

7. l'année dernière
8. des jours
9. tous les jours
10. le matin
11. cinq jours plus tard
12. une matinée intéressante
13. quelques jours
14. toute la matinée
15. une année de congé non rétribué

EXERCICE C

Complétez la phrase en employant la forme analogue.

> EXEMPLE : Dans deux jours nous irons à Squaw Valley....
>
> *Dans deux jours nous irons à Squaw Valley pour faire du ski toute la journée.*

1. Le matin je me mets tout de suite à travailler...
2. Dans deux ans Jo retournera à la Rochelle...
3. Un jour nous irons ensemble au bord de la mer...
4. ...où on a passé une soirée amusante.
5. Il arrive des jours où...
6. ...où je suis resté seul pendant presque toute la matinée.
7. A la fin de cette année-là Patrick avait fait assez d'économies pour...
8. Le schizophrène n'avait rien dit depuis douze jours...
9. Tous les ans cette secte envoie des missionnaires en Chine...
10. Il y a des soirs où je suis si fatigué que...

PHRASES MODÈLES

1. Quatre-vingt-deux ans, ce n'est pas un âge pour mourir quand on s'appelle Goya.

    DOMINIQUE JAMET, dans le *Figaro Littéraire*

    ~~~~~~~~~~~~ ans, ce n'est pas un âge pour ~~~~~~~~~~~~ on ~~~~~~~~
    ~~~~~.

2. Une année qui finit, c'est une pierre jetée au fond de la citerne des âges et qui tombe avec des résonances d'adieu.

    FIRMIN VAN DEN BOSCH, *Aphorismes du temps présent*

    Une —ée qui ~~~~, c'est ~~~~~~~~~~~~~~~~~~~~~~~~~
    et qui ~~~~~~~~~~~~~~~~~~~~~~~~.

3. Quel plaisir de demeurer toute une soirée seul entre quatre murs.
MAURICE BARRÈS, *Le Mystère en pleine lumière*

Quel ～～ de ～～～ toute une soirée ～～～～～～.

4. Pendant une journée entière, nous avons suivi Mishima pas à pas, captant ses moindres gestes, enregistrant ses moindres paroles.
JEAN-MARC POTTIEX, dans le *Figaro Littéraire*

Pendant une journée entière, ～～～～～～～～～ , ～～～
～～～～～, ～～～～～～～～～.

v 10   LA SIMILARITÉ ET LA DIFFÉRENCE

PAREIL, SEMBLABLE ont pour synonyme *similaire*. Ils sont suivis de **à** devant un complément.

> Un lièvre et un lapin sont pareils.
>
> Toutes les œuvres de Telemann sont semblables.
>
> La guêpe est pareille à un frelon.
>
> Pour son mariage, Lucienne a porté une robe semblable à celle qu'avait portée son arrière-grand-mère.

PAREIL, TEL ont pour synonyme *de cette sorte*. TEL précède un nom, à moins d'introduire **que** + un complément.

> Je ne suis pas surpris d'entendre dire que Léona s'est liée avec un gangster; pourrait-on attendre autre chose d'une femme pareille?
>
> Les westerns sont souvent sanglants et de mauvais goût; en Europe les enfants ne sont pas admis à voir de tels films.
>
> Seul un musée tel que le Prado peut rivaliser avec le Louvre.
>
> Des chevaux tels que ceux qui courent à Longchamps coûtent des milliers de dollars.

EXERCICE A

Ecrivez une phrase comportant la donnée.

    EXEMPLE: un tel évènement

> *Hier quelques étudiants radicaux ont fait sauter la bibliothèque; un tel évènement ne s'était jamais produit sur notre campus.*

1. un chien pareil à un chat
2. un tel choc
3. une perte telle que celle de ses parents
4. des manœuvres pareilles
5. un jardin semblable à un parc
6. un professeur tel que le nôtre
7. des gens tels qu'on en rencontre rarement
8. pareil à son père

(V.10) *La similarité et la différence*

MÊME précédé de **le, la, les** = *identique*.

Lors de ses deuxième et troisième mariages, Lucienne a porté la même robe que pour son premier.

Dans une réunion d'anciens étudiants on chante toujours les mêmes chansons, on boit toujours le même punch, et on se pose toujours les mêmes questions.

MÊME précédé de **un, une** = *seul, unique*.

Mes sœurs jumelles se sont mariées au cours d'une même cérémonie.

Les paroles «amour» et «mort» se rencontrent souvent dans une même chanson.

RESSEMBLER À = *être pareil à*

Un lièvre ressemble à un lapin.

Chaque œuvre de Telemann ressemble à chaque autre.

Toutes les œuvres de Telemann se ressemblent.

EXERCICE B

Terminez les phrases.

1. Superman et Clark Kent sont en réalité...
2. Les singes ressemblent d'une façon étonnante...
3. Il n'est pas rare que les jumeaux...
4. On peut trouver de bonnes et de mauvaises recettes dans un...
5. L'hymne anglais *God Save the Queen* et la chanson américaine *My Country 'Tis of Thee* ont...
6. La bonté et la méchanceté peuvent-elles habiter un...?
7. Innsbruck et Vienne se trouvent dans le...
8. Certains critiques ont vu dans Shakespeare et Francis Bacon...
9. Le clavecin et le piano n'ont pas...
10. Si un peintre a du talent, les portaits qu'il peint...

DIFFÉRENT est suivi de **de** devant un complément.

Los Angeles est différent de San Francisco.

L'accent du Midi est différent de celui de Paris.

Parfois les jumeaux sont très différents l'un de l'autre.

DIFFÉRER, SE DISTINGUER ont aussi un complément introduit par **de**.

En quoi un roman diffère-t-il d'une nouvelle?

L'accent du Midi se distingue nettement de celui de Paris.

Parfois un jumeau ne se distingue de l'autre que par son caractère.

NB: Habituez-vous à l'emploi de la préposition À avec une expression de similarité, de la préposition DE avec une expression de différence.

EXERCICE C

Faites une phrase en indiquant soit la similarité soit la différence entre les données.

> EXEMPLE :   un chien de garde; un chien de chasse
>
> *Un chien de garde et un chien de chasse se ressemblent quant à l'affection qu'ils portent à leur maître; mais ils sont très différents en ce qui concerne l'accueil qu'ils accordent à un inconnu.*

1. le climat du Japon; celui de Norvège
2. les oranges; les clémentines
3. un dromadaire; un chameau
4. le beurre; la margarine
5. la peinture de Renoir; celle de Degas; celle de Braque
6. un récit; un dialogue
7. la nicotine; la strychnine
8. un hautbois; un cor anglais
9. une chaise; un fauteuil; un tabouret
10. un oratorio; un opéra; une pièce de théâtre

EXERCICE D

Choisissez un des sujets suivants et écrivez une courte comparaison des exemples suggérés ou d'autres. Votre exposé devrait employer, dans la mesure possible, le matériel de la leçon.

1. Trois caractères nationaux (l'américain, l'italien, l'allemand).
2. Trois marques de voiture (la Ford, la Renault, la Volvo).
3. Trois régions de la France (Normandie, Bourgogne, Provence).
4. Trois auteurs connus (Proust, Daudet, Gide).
5. Trois grandes villes (New York, Madrid, Rome).

PHRASES MODÈLES

1. Tous les gens sont pareils : crevant de peur à la pensée de la mort et obsédés par le sexe.

    CLAUDE MAURIAC, dans les *Nouvelles Littéraires*

    Tous les ~~~ sont pareils : ~~~~~~~~~~~~~~~~~~~~~~ et ~~~~
    ~~~~~~~~.

2. Rien ne ressemble plus à un Salon qu'un autre Salon sur le même sujet.

   Claude Duvieux, dans le *Monde*

   Rien ne ressemble plus à ~~~~~~ que ~~~~~~~~~~~~~~~~~~~~~~~~~~~.

3. L'ange ne diffère du démon que par une réflexion qui ne s'est pas encore présentée à lui.

   Paul Valéry, *Tel quel*

   ~~~~~~ ne diffère de ~~~~~~ que par ~~~~~~.

4. Une visite au Batha permet d'apprécier la ligne inimitable d'une arme de fantaisie et d'apprendre que le fusil du nord est aussi différent de celui du sud que l'épée de Tolède de sa cousine de Nuremberg.

   Hubert Cardinal, dans le *Figaro Littéraire*

   Une visite à ~~~~~~ permet d'apprécier ~~~~~~~~~~~~~~~~~~~~~~~~ ~~~~~~ et d'apprendre que ~~~~~~~~~~~~~ est aussi différent de celui de ~~~ que ~~~~~ de ~~~~~~~~~~~~~~~~~~~~~~~~~~~.

index

à
   devant un infinitif, IV.6
   devant un nom géographique, V.7
à peu près I.10
an, année, V.9
approcher, III.10
approximations, I.10
après, devant un infinitif passé, V.6
assez de, I.5
assez, suivi de *pour,* II.7
au, devant un nom géographique, V.7
auprès de, III.10
autant de, I.5

beaucoup de, I.5
bien, III.5
bon, III.5

celui, III.2
   celui-ci, —là, III.2
   sans antécédent, III.2, IV.2
ce qui, ce que, II.2
c'est, III.6
chaque, chacun, II.10
combien, V.3
comme, V.3
commencer par, I.7
concordance des temps, II.3
couleur, IV.10

dans, avec une expression de temps, IV.7
dans, devant un nom géographique, V.7

de
   après *pas, jamais,* etc., I.6
   après *quelqu'un, rien,* etc., II.6
   dans les expressions de quantité, I.5
   dans *plus de cents francs,* II.5
   devant un adjectif pluriel, II.6
   devant un infinitif IV.6
   qualifiant *en,* II.6
   suivi d'un nom d'auteur, I.7
depuis, depuis que, V.4
devoir, IV.4
différent, différer, V.10
(se) distinguer, V.10
dizaine, etc., I.10
dont, I.2, II.2

éloigner, III.10
en, préposition
   avec une expression de temps, IV.7
   devant un nom géographique, V.7
   en beauté, en voiture, etc., IV.7
   en l'air, en l'an, etc., IV.7
en, pronom
   dans les expressions de quantité, I.5, IV.5
   "possessif" IV.5
   qualifié, II.6
   remplaçant *de* + une chose, IV.5
environ, I.10
espérer, II.8
être, auxiliaire, I.4, II.4

faire, auxiliaire de cause, III.4
   faire de, III.4
   ne faire que, IV.8

faillir, I.10
finir par, I.7

gens, IV.2
gérondif, III.7

il impersonnel, III.6
il n'est pas nécessaire que, I.8
infinitif négatif, V.6
infinitif passé, V.6
interrogation directe, V.8
interrogation indirecte, IV.3
inversion, V.8

jour, journée, V.9

le, dans *le dimanche matin*, etc., II.10
lequel
    pronom interrogatif, I.2
    pronom relatif, I.2
loin, III.10
l'on, IV.2
le sien, IV.2
lui, sujet fort, V.2

meilleur, III.5
même, V.10
mesure, IV.10
mieux, III.5
moi, toi, etc., pronoms accentués, V.2
moi, dans une proposition impérative, V.2
moins de, I.5, II.5
monde, IV.2

négation, I.6
ne pas croire, penser + subjonctif, IV.9
ne ... pas que, IV.8
ne ... que, IV.8
ni, I.6
noms géographiques, V.7

on, IV.2
où que + subjonctif, V.1

par, I.7
pareil, V.10
participe passé
    accord d'un verbe intransitif, I.4
    accord d'un verbe pronominal, II.4
    avec *bien, mal*, III.5

participe présent, III.7
partitif, I.5
pas de, pas un, I.6
pendant, pendant que, V.4
personne de, II.6
personnes, IV.2
peu de, I.5
peu importe que, I.8
peu s'en faut, I.10
pire, III.5
pis, III.5
plus de, I.5, II.5
plus ... plus ... , II.5
(le) plus, superlatif, II.5
    + subjonctif, IV.9
plusieurs, I.5
pour, II.7
    avec *assez, trop*, II.7
    avec une expression de temps, II.7
premier, dernier, etc. + subjonctif, IV.9
près, III.10
presque, I.10
proche, III.10
pronoms
    accentués, V.2
    avec *faire*, causatif, III.4
    objets correspondant à *on*, IV.2
    réfléchis, II.4
proposition incise, V.8

quasiment, I.10
que, conjonction
    à la place d'autres conjonctions, III.1
    a l'intérieur de la phrase, III.1
    en tête de phrase, II.1
que, dans les comparaisons, II.5, III.1
que, pronom
    objet, II.1
    relatif, I.1
    + inversion, V.8
quel, IV.1
quel que + subjonctif, V.1
quelque, V.1
quelque chose de, II.6
quelque ... que + subjonctif, V.1
quelques-uns I.5
quelqu'un, IV.2
quelqu'un de, II.6
qu'est-ce que, IV.1
qui, pronom relatif, I.1, I.2
    dans *C'est moi qui ...* , V.2
qui que + subjonctif, V.1
quoi que + subjonctif, V.1

rendre, III.4

index

ressembler, V.10
rien de, II.6

semblable, V.10
seul, en tête de phrase, IV.8
si, IV.3
    dans les hypothèses, III.3, IV.3
    introduisant une proposition interrogative indirecte, IV.3
similarité et différence, V.10
soi, IV.2
subjonctif
    après *afin que, avant que,* etc., III.9
    après *je ne pense pas,* etc., IV.9
    après *premier, dernier,* etc., IV.9
    après *quelque . . . que,* etc., V.1
    après une proposition interrogative ou négative, IV.9
    après un superlatif, IV.9
    expressions de doute, III.8
    expressions de nécessité, I.8
    expressions de possibilité, I.9
    expressions de sentiment personnel, II.9
    expressions de volonté, II.8

taille, IV.10
tant de, I.5
tel, V.10

totalité, II.10
tout, II.10
tout le monde, IV.2
trop de, I.5
trop, suivi de *pour,* II.7

un, après *pas,* I.6
un peu de, I.5

verbes
    à l'imparfait, I.3, II.3
    au conditionnel, III.3, V.9
    au futur-dans-le-passé, III.3
    au passé composé, I.3, II.3
    concordance des temps, II.3
    conjugués avec *être,* I.4, II.4
    intransitifs, I.4
    prenant *à* devant un infinitif, IV.6
    prenant *de* devant un infinitif, IV.6
    pronominaux, II.4
    suivis immédiatement de l'infinitif, V.6
    usages transitifs de verbes intransitifs, I.4
vers, I.10
voisin, III.10

y
    remplaçant un lieu, V.5
    remplaçant *à* + une chose, V.5